超一流の

青木仁志
satoshi aoki

書く習慣

ACHIEVEMENT PUBLISHING

プロローグ

研修を受講したAさんとBさんがいました。

「現場で思うような成果は出ましたか？」

2人に質問をするとまったく違う答えが返ってきました。

A「研修は参考になりました。しかし、結果は変わらないですね」

B「はい、今期の売上目標を達成することができました！」

続けて質問しました。

「あなたは何を求めてこの講座に来ましたか？」

A「何かひとつでも参考になることがあればいいなと思って……」

B「今期の営業成績を上げる方法を学びに来ました」

皆さん、お気づきになりましたか？

AさんもBさんもすでに求めているものを手に入れているのです。

広辞苑によれば、成功とは「目的を遂げること」です。

「成功したい！」「目標を達成したい！」

皆、願望をもっています。しかし、叶える人はわずかです。なぜなら多くの人が、目標に対して思考と行動を管理できていないからです。**曖昧な思考からは曖昧な結果しか生まれません。**

「いや！　わたしは成功したいと強く願っている！」

あなたはそう思うかもしれません。

高額納税者番付1位で有名な銀座まるかん創業者の斎藤一人さんは、オフィスを離れて近くの喫茶店で「どうしたらお金が儲かるか？」を四六時中考えているそうです。

超一流の成功者たちは求めるものに対し、進んで代償を先払いしています。目先の快楽よりも遠くのほんとうに手に入れたい願望に突き動かされています。

理想のイメージを鮮明に描いて、それに向かって、思考を管理し、行動を管理することによって出来事を変化させていきます。

思考の管理

↓

行動の管理

↓

出来事の変化

一流ほど周りの世界をもの凄いエネルギーでコントロールします。そして結局、自分の思考の中に留めていたものを現象化し、具象化するのです。この思考を現実化するエネルギーは誰にでも内在しています。

成功者とは、思考を現実化する技術を身につけた人です。

あなたはどうやって自転車の乗り方をおぼえましたか？
大半の人は、「自然と身体でおぼえた」と答えるでしょう。目標達成も同じです。ビジネス書を読んだり、研修を受けて内容を理解したとしても、体得しなければ現実は変わりません。

「収入を上げたい」「もっと広い家に住みたい」「家族との関係をよくしたい」
漠然とした願望は誰もが抱いているものです。しかし、頭で考えていることを実現するために、明日何をするのか**紙に書き込めるくらい具体的な計画にしなければ決して実現しません。**

超一流に共通するのは**書く習慣**をもっていることです。書くことで思考と行動を管理し、成功者の習慣を自分のものにするのです。

「100億円の売上を上げることができた」

「200万円以下だった年収が2000万円を超えた」

「仕事と家庭を両立しながら業績も3倍になった」

実際に多くの人が、書く習慣の効果を実感されています。

自分で立てた目標を達成し、願望を実現していく人と、実現できない人には明らかな違いがあります。それは生い立ちや資質で決まるものではなく、技術を身につけているかどうかの違いです。

本書でその差を知り、超一流の習慣を身につけてください。

目次

第2章

成功とは何か？

第３章

超一流の目標設定

第４章

目標達成できない人の思考

第５章

目標達成思考を身につける

第6章

目標達成の決意

第1章

脳のメカニズムを知る

成功と失敗を分ける決定的な要因

生まれながらの成功者はいません。おぎゃーと生まれたときはまっさら。皆が同じです。

しかし、成長するにつれ、人生の成功者・失敗者と言われるようになります。

その差はなぜ生まれるのでしょうか？

わたしは20代のころにフルコミッションセールスの世界で最年少マネジャーになりました。

完全成果報酬型の世界でも、朝から晩まで働く同僚に対して成績の悪い人ほど「なぜあそこまでがんばるのでしょう?」と言ってきます。

思考の壁があるのです。あらゆる出来事はその人の脳の内面から起こります。

夜中、甲子園球児の宿舎に行って、こう尋ねたとします。

「あなたの夢はなんですか?」

おそらく「甲子園で優勝することです!」と答えるはずです。「はい、簿記2級を取ることです!」と宣言したら、その選手は優勝できないでしょう。

「成功したい!」

誰もがそう思っています。それは「仕事の成果を最優先にして、何がなんでも実現したい!」という願望ですか?「できるだけラクをして稼ぎたい!」という願望ですか?

種蒔き収穫の法則とも言います。求めたものしか手に入らないのは自然の摂理です。良い種を蒔けば良い実がなり、悪い種を蒔けば悪い実がなります。1年、2年では表面化しなくても、3年、5年、10年、20年と長い歳月のなかでその人の内側にあるものは必ず現象化していきます。

「お金が欲しい！　でも働きたくない」

これが本心なら、あなたはすでに望むものを手に入れています。

思いには強弱があります。めざすものを手に入れたければ、甲子園球児が野球に打ち込むように、1つのことに集中する必要があります。

思考を目標に集中させ、行動が変わると目標を達成できます。できる自分を信じられるようになります。成功体験が自信となって、新しい目標を次々と実現できるようになっていきます。

今の世の中の大きな問題点は、この願望を明確にするトレーニングが少ない、そして、トレーニングを受けていない人が多いことです。ほとんどの人が願望を明確にできないまま、曖昧な思考のままで人生を終わってしまいます。

なぜ曖昧な思考になってしまうのか？

生まれながらの成功者はいないと言いました。もし人間に資質の差があるとすれば、よくなりたいという向上心の差でしょう。ビジネスパートナーは１００％目的・目標思考型である必要があります。向上心がない人をビジネスパートナーに選ぶと成功できません。

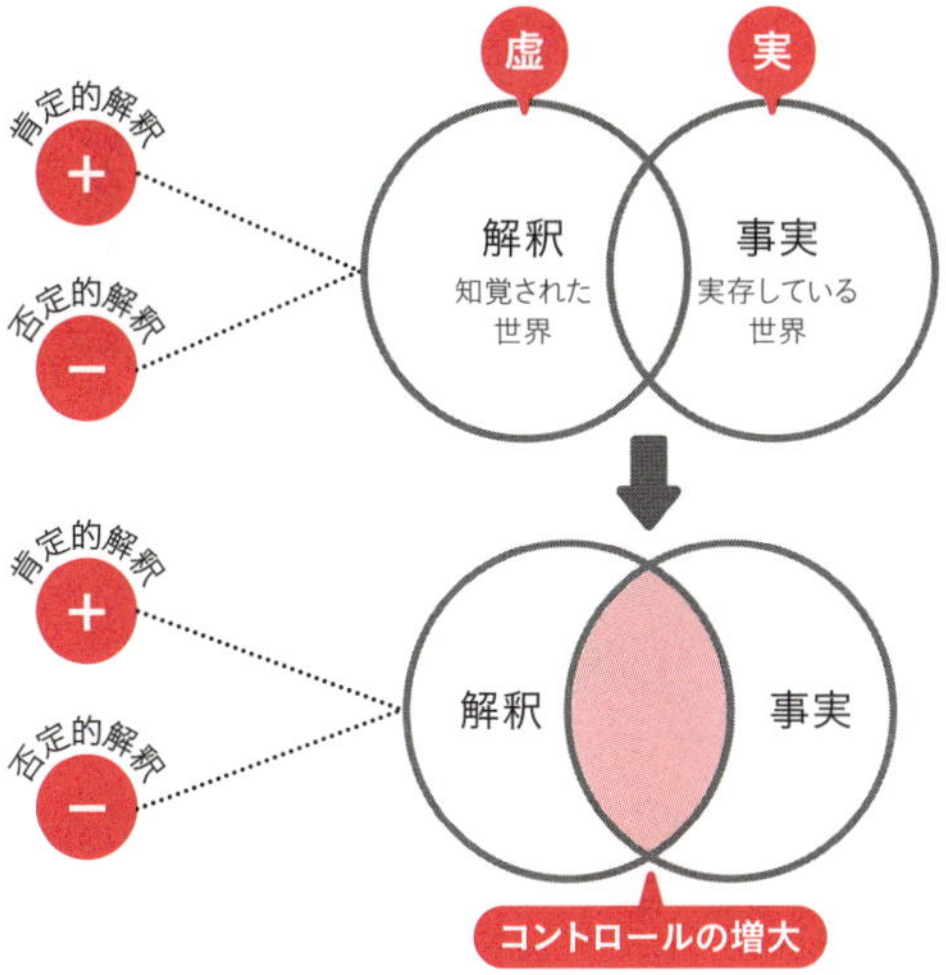

願望が不明確な原因は2つあります。

- 低い自己イメージ（自分ができないという思い込み）
- 知識不足（周りの人との接点がなく、情報が得られない）

同じ環境で優績者とそれ以外の人を分析してみたときに、トップセールスほど売ることが願望に入っていることがわかりました。むしろそれがなければ、トップセールスになり得ないのです。彼らはどんなことも肯定的に受け入れるマインドをもっていました。同じ環境でも言い訳をせず、ベストを尽くし、乗り越えることで成長していました。

私たちは、それぞれが知覚した世界に生きています。あなたが考えていることがあなたの世界です。人それぞれの色眼鏡、世界観で社会を捉えています。これを**価値フィルター**と言います。

人はなかなか変われません。なぜなら、価値フィルターがそう簡単に貼り変わらないからです。だから、周りを変えようとします。給料が上がらないことを会社のせいにして、転職を繰り返します。物事を周りのせいにするより、目の前の出来事から謙虚に学びましょう。現実の解釈が変わります。

ある町に、大酒飲みの父親をもった双子の兄弟がいました。お酒ばかり飲んでいて、仕事をしない父親をもった子どもたちは、1人は禁酒家になり、優秀な弁護士になりました。もう1人は父親と同じように大酒飲みになったのです。

「なぜ、あなたはこういう生き方をしたのですか？」

あるインタビュアーが2人に聞きました。2人は机を力いっぱい叩いて同じことを言いました。

「あんな親をもって、これ以上の生き方ができますか？」

価値フィルターは100人いれば100通りです。全員異なります。その違いを認めないから問題が起こります。自分と人とは違うことを知りましょう。一切、人を変えようとしてはいけません。自分が変われば結果が変わります。

脳は苦痛より快適感情を求める

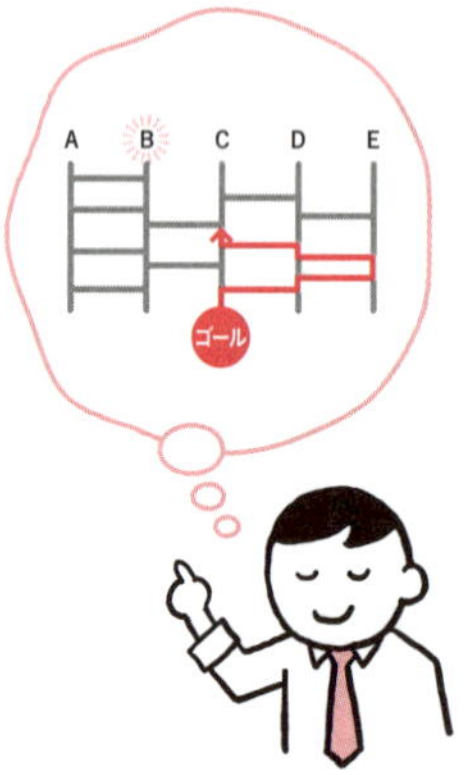

幸福は誰でも手に入るものです。3畳一間でも幸せなら幸せ。そして、3畳一間が自分には似合っていると思うから、3畳一間に住むのです。「自分は今よりも広い家に住みたいと思っている」と言うかもしれません。しかし、あなたは自分の解釈と事実を一致させているのです。

あみだくじで、確実に当たりを引く方法があります。自分で最初に達成をデザインして、そこから逆算して行動することです。

ほとんどの人は目標から逆算された行動をしていません。なぜならそんなことを考えなくても、生きていけるからです。

8割の人が、快適感情に身を任せています。仕事に打ち込んでまでいい家に住みたいとは思わない。しかし、**無計画は失敗を計画しているのと同じです。**

理想の家は？　そこに住めるようになるためには？　自分がどうなりたいかを考えて、行動を決めるから成就します。

100歳まで健康でいたければ、飽食より摂生したほうがいい。

お金を稼ぎたければ、遊ぶよりも仕事のスキルを高めたほうがいい。

何を優先するかで意志決定が変わります。意志決定スキルを高めるとは、願望実現に効果的な行動を取るということです。

脳は成功のナビゲーションシステムです。コンピュータに置き換えるとビル3階建て分にもなると言われています。

本田宗一郎氏は、白紙に理想のエンジンを描いて、部下から実現不可能だと何度言われても、「必ずできるはずだ！」と言い続けて自転車用補助エンジンを完成させました。

毎日目標を考えると、脳がそれを得るための効果的な方法を見出します。あとはナビゲーションに従って1日行動すれば、達成が積み上がっていきます。

成功ナビを働かせるためには、どんなセットアップをするかです。つまり、自分が何を求めているのか、自分にとって大切なものは何かを明確にします。

そのためのいちばんよい方法は**目標設定**です。変わる人には明確な目標がありま す。目標を紙に書き出して、毎朝20回は口に出すようにしましょう。

毎日達成することで、理想の姿に近づいていきます。**成功は毎日の生き方の中にあるのです。**目標達成の積み重ねが人生の結果を左右します。

行動を決めているのは願望

朝起きてから顔を洗い、朝食を取り、歯を磨き、身支度を整えて、電車あるいはバスに乗って出勤する。とくに意識することなくおこなっている日常の行動でしょう。私たちはどのような基準で行動を選択しているのでしょうか?

従来の心理学では、人の行動は、外部の刺激に対する反応であるという「外的コントロール理論」が主流を占めていました。米国の大学・大学院で心理学やカウンセリングの教科書として用いられている『Current Psychotherapies(第5版)』にも取り上げられている「選択理論心理学」では、「人の行動は外部の刺激

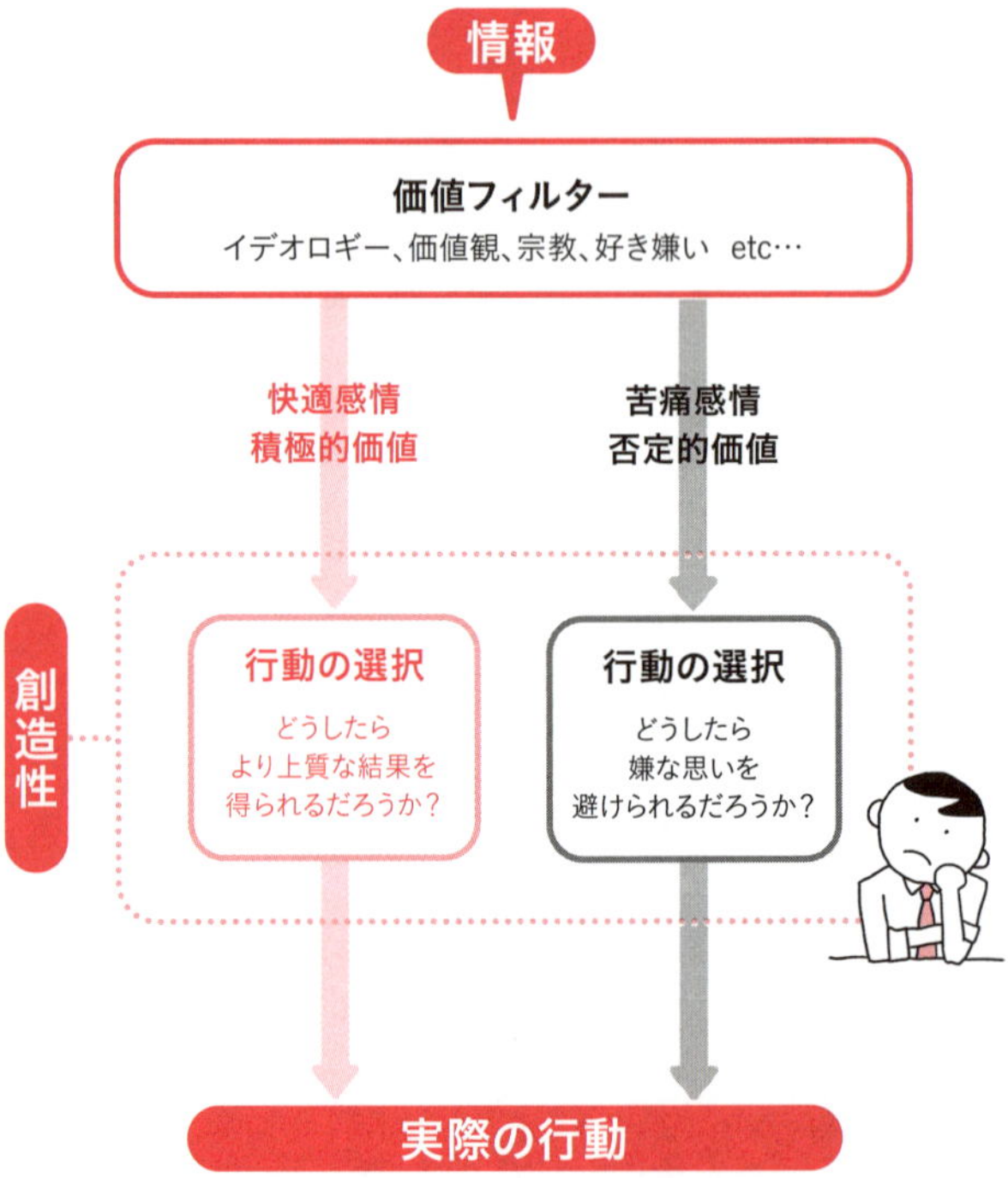
情報
価値フィルター
イデオロギー、価値観、宗教、好き嫌い　etc…
快適感情
積極的価値
苦痛感情
否定的価値
創造性
行動の選択
どうしたら
より上質な結果を
得られるだろうか？
行動の選択
どうしたら
嫌な思いを
避けられるだろうか？
実際の行動

による反応ではなく、自らの選択である」と主張しています。

たとえば、携帯電話が鳴ると、ほとんどの人は迷うことなく電話に出ます。この行為を「携帯電話が鳴ったから取った」とするのが「外的コントロール理論」です。「選択理論心理学」では、電話に出るという行為は、その人が選択したということになります。どんなに鳴り続けていても、忙しくて手が放せないときは電話に出ない場合もあります。また、無言電話などのいたずらが続けば、またかと思って出ないこともあります。つまり、携帯が鳴っても「出ない」という行為を選択する人はたくさんいるわけです。


私たちは、人、状況、もの、さまざまな情報から刺激を受けています。それらは視覚、聴覚、嗅覚、味覚、触覚の五感を通じて、現実世界を脳に伝達しています。脳には生まれてから現在まで知覚したあらゆる情報が入っていますが、その時点で思い出せるごくわずかな情報だけしか使えません。

外部から取り入れられた情報は価値フィルターを経由したのちに、自分にとって快適感情をもたらすもの、苦痛感情をもたらすものに大別され、細かく整理・選別されます。この選別をもとに、どんな行動をするか選択がなされるのです。

たとえば子どもができてから、児童虐待などの事件に関心が増したという人がいます。

しかし、この人に子どもがいないときでも、マスコミが取り上げたたくさんの事件があったに違いありません。当然、この人の目にも触れていたはず。ただ、脳に印象的に入ってこなかっただけなのです。

つまり、知識と価値のフィルターをそれぞれ経由して、脳にはその人にとって関心のある情報が、選別されて入ってきているということです。

さらに、選別されて入ってきた情報に対し、どう行動するかを選択します。このときの対応を決定する基盤、つまり動機付けの源となっているのが「基本的欲求」です。

人間の行動メカニズム

行動は、「思考」「行為」「感情」「生理反応」の4つの要素から成り立っています。車に例えれば、前輪が「思考・行為」そして後輪が「感情・生理反応」となります。さらに、車のエンジンは「基本的欲求」、ハンドルは「願望」を表します。

「こうありたい」という願望に駆られて人間は動くのです。願望（目標）がはっきり

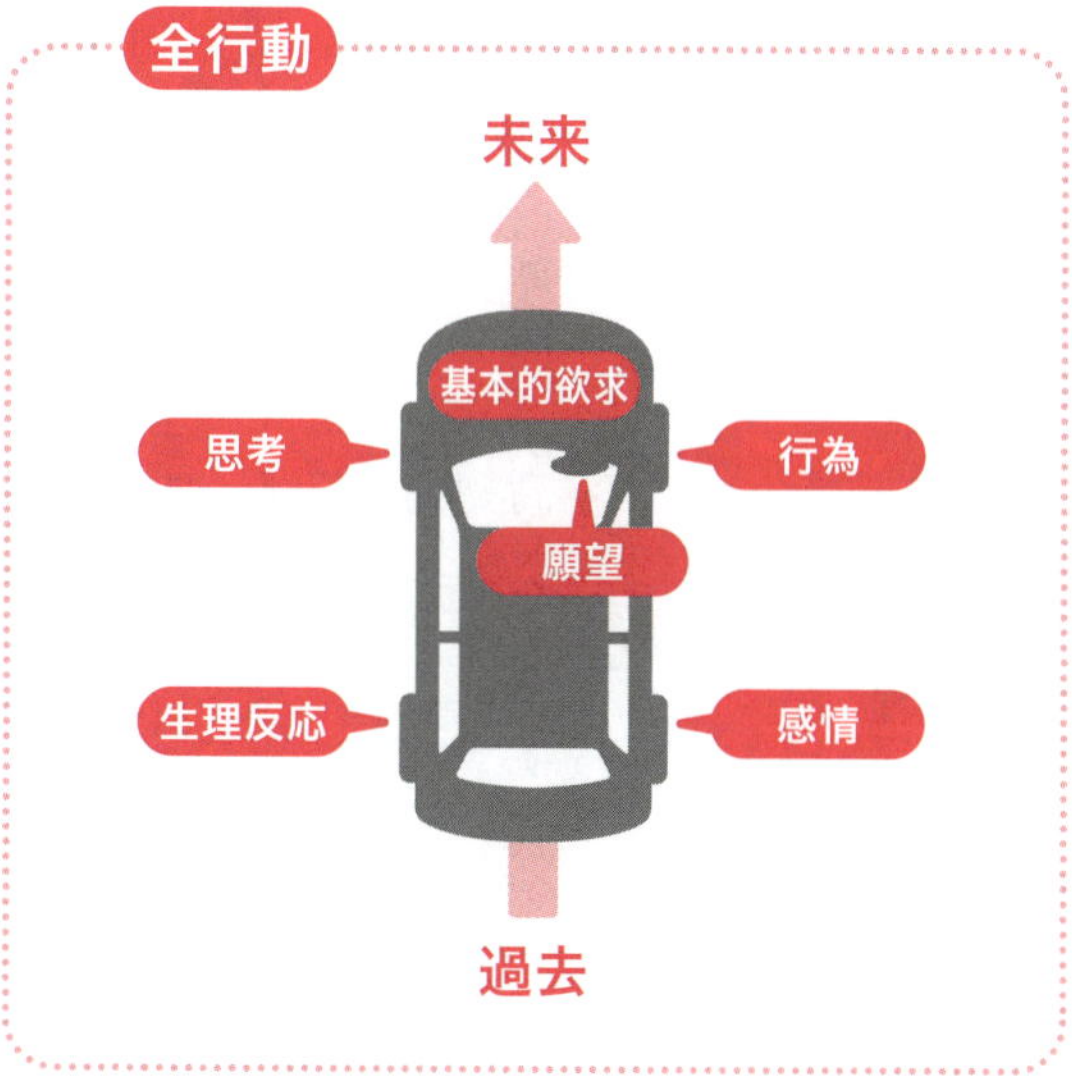

していればいるほど、その方向に速いスピードで動きます。

お昼休憩をしているあいだに友人からＳＮＳで飲み会の誘いがあったとします。仕事は山積みでも、魅力的なオファーです。すぐに行くと返答します。

車は走り出したら、途中でハンドルを切って曲がろうとすることもあります。曲がるときにハンドルとともに動くのは前輪の「思考」と「行為」です。

今日作業しなければ期日までに仕事を終わらせられない可能性が高くなります。考えを改めて断りの連絡をする人もいれば、明朝早く出社して作業しようとする人もいるでしょうし、何も考えずに飲み会へ行ってしまう人もいます。

後輪は前輪の動きについていきます。前輪にあたる「思考」と「行為」は願望のもとに自分でコントロールすることができます。後輪の「感情」や「生理反応」は制御しにくいものです。

つまり、「思考」と「行為」を目標達成に効果的な方向へとコントロールすれば人生も変えることができます。

モチベーションの源は遺伝子

仕事よりも遊びの約束を優先してしまいがちだと言いました。しかし、同じ飲み会でも誘われた人が好きでなければ断ることもあるでしょうし、お酒を飲むよりも仕事をしていたほうが楽しいという人もいます。また疲れていたら、早く帰って寝たいと断ることもあるでしょう。

選択理論心理学では、脳細胞にある遺伝子に**5つの基本的な欲求**が組み込まれていて、私たちを行動へと駆り立てると説いています。

5つの基本的欲求

❶生存の欲求
❷愛・所属の欲求
❸力の欲求
❹自由の欲求
❺楽しみの欲求

❶ 生存の欲求

子孫繁栄、快眠、快食、快便など、人間の生命の存続に関するすべての欲求。安全、衣食住に関するものもこの中に含まれます。

❷ 愛・所属の欲求

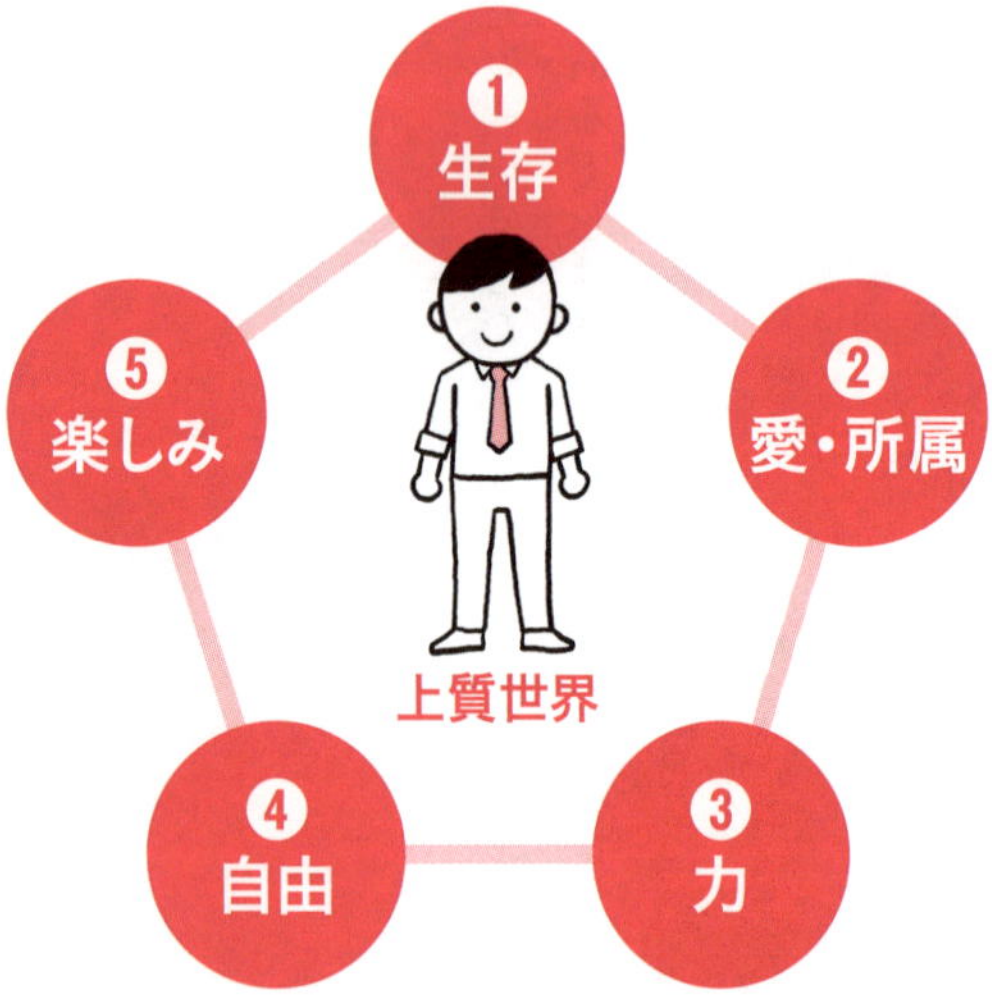

人間は、家庭、友人、仲間、会社などに所属して生きようとする性質をもった生き物です。愛し愛されたい、友情を求める、組織に所属したい、同僚と仲良くやっていきたいといった人間がもっている本能的な欲求。

❸ 力の欲求

自分が欲するものを、自分の思うような方法で手に入れたい。何かを達成することによって人に認められ、価値のある存在になりたいという欲求です。人から評価されたい、卓越した仕事をしたい、多くの人から認められたいと思います。

❹ 自由の欲求

自分の考えや感情のままに自由に行動し、物事を選び、決断したいという欲求です。誰にも束縛されずに自由でありたい、自立と自己責任を前提にしかるべき目標を成し遂げたいという欲求です。

❺ 楽しみの欲求

誰の指示もなく、強制されることもなく、自分から進んでしたいことをする。義務感に囚われることなく、自ら主体的に喜んで何かをしたいと思う欲求です。趣味に没頭したり、大自然を満喫しながら山に登ったり、さらなる教養を身につけたいと思うことも楽しみの欲求です。

これら基本的欲求は、私たち人間が生まれながらにもっているものです。人それぞれ欲求の強さや満たし方は異なります。基本的欲求が満たされていれば、人は幸せを感じ、心が安定しています。基本的欲求を満たしてくれる事柄が、私たちの心の中にイメージとして存在しています。それが上質世界です。

願望の世界に何を入れるか

上質の世界とは、五感を通して脳に取り込まれたさまざまな情報が、それまでの体験と照らし合わされ、感覚的に心地よい、あるいは、価値のあるものとして選別された結果、築かれたイメージの世界です。上質世界は「人」「もの」「理想」「価値観」「信条」から構成されています。

甘党の人が喫茶店に入ってレモネードを頼んだとします。飲んでみると、自分の好みの（上質世界にある）レモネードよりもかなり酸っぱい味がしたので、砂糖を入れました。自分の欲求を満たすために行動をコントロールしたのです。砂

糖を入れても、まだ好みの甘さではないと感じれば、追加します。こうして甘さを調整していき、自分好みのレモネードの味になったら、欲求が満たされたことになります。

この一連の行為が、「願望にあるものを求めて行動する」ということです。すなわち人は、**内側（上質世界）から動機付けられて行動する**ということの証明でもあるのです。

生まれてから今日までに知覚され、基本的欲求を満たす情報は、すべて上質世界に蓄えられていきます。人によって好き嫌いが分かれたり、価値観が異なるのは、私たちが知覚した現実世界と、求めているものとを無意識に天秤にかけるからです。そして、瞬時にさまざまなことを考えて、自分の欲求を満たす方向へ行動をコントロールしていきます。

もし上質世界に仕事があれば、仕事に。家族があれば家族のために時間を割くようになります。

上質世界には、まだ経験していない情報であっても、意識的に取り込むことができます。たとえば、自分が理想とする具体的なイメージを取り込むこともできるのです。

偉人伝を読んで、想像力を駆使して、その偉人を憧れとして鮮明にイメージし、いつも意識していると上質世界にしっかりと貼りつけられます。すると、事あるごとに「あの偉人ならどう判断するだろうか？」と考えるようになります。それがいつしか習慣となって、自然と偉人と同じような思考・行動パターンをとるようになっていくのです。

人の行動には目的がある

あなたは上質世界に何を取り込んでいますか？　嫌なことがあるとお酒に逃げたり、苦労せずに賭け事で儲けようと考える人は、アルコールやギャンブルが上質世界に入っています。上質世界にあるものだけが、あなたの未来を創り上げます。上質世界は触れる情報によって変わります。

人は変わることができ、より効果的な人生を送ることができる

今、どんな状況であろうとも、どんな人でも、上質世界に目標達成に役立つことを取り込むよう努力していくことで、それまでの生き方をよい方向へ変えることができます。成功者の思考と行動習慣を学び、実践しましょう。人生をどう創り上げるかは自分しだいなのです。

人は自分自身の行動に対して責任がある。社会や遺伝や過去のせいではない。すべては、その人の選択である

今の人生は、あなたが最善と思い、選択した行動の結果です。仕事がうまくいかないのは、効果的ではない行動を自分が選択した結果であって、会社や上司の責任にしても好転しません。自分の身に起こったことを、外側の世界に責任転嫁しているかぎり、人は絶対に成功できません。人生で起こることの責任はすべて自分にあるからこそ、願望は実現できます。何が起こっても、それはあなたの選択の結果です。

代価と報酬の原理

私たちの願望にあるものが叶うとはいえ、どんなに知識をつけても、強く願っても、たとえばトップセールスになりたければ、アポイントを取って、プレゼンテーションをして、成約しなければなりません。

願望実現は、念じれば叶う魔法のように勘違いされることがあります。

登頂したければ、自分の足でめざすしか

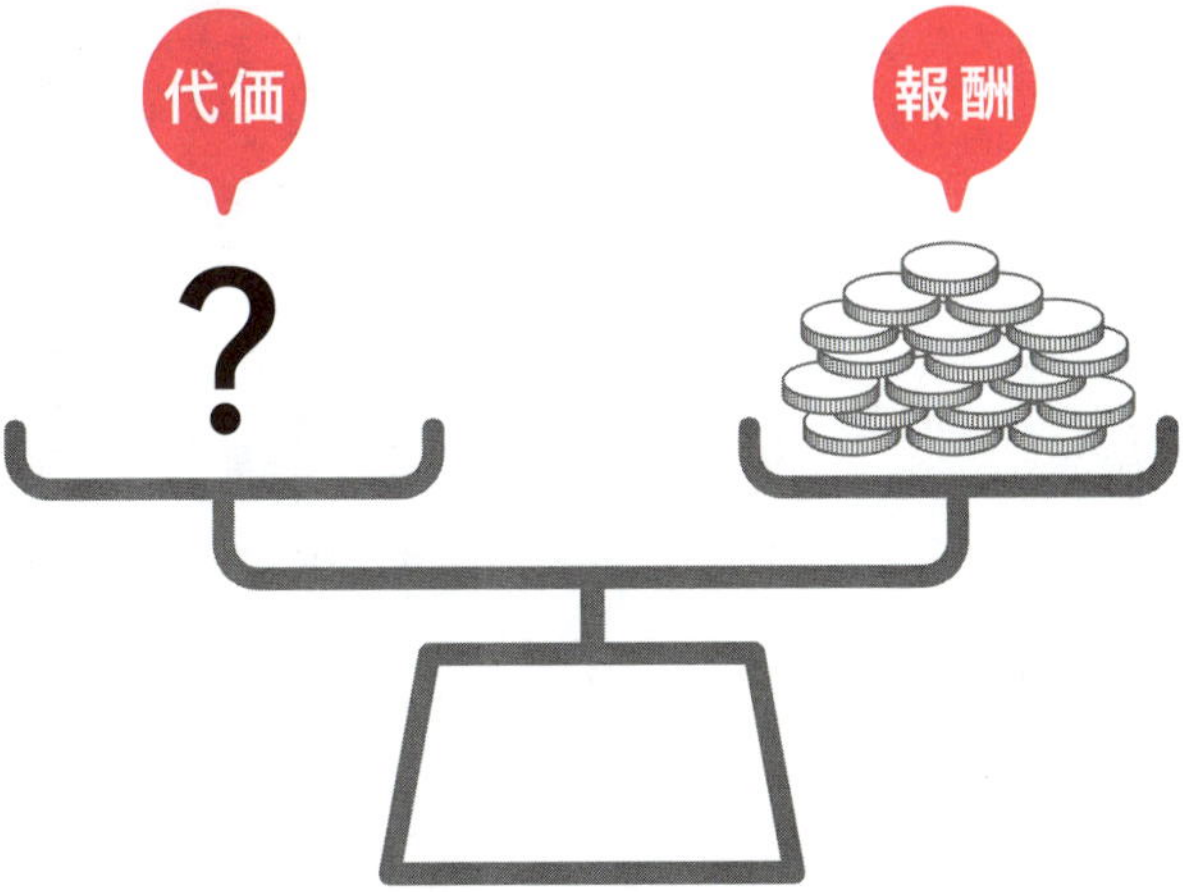

ありません。自分の知覚に現実を合わせようとしても、山の地形を変えることは無理があります。同じようにいくら願っても、成功するための原理原則を守らなければ成功できません。

成功者は形而上ではなく形而下の世界に生きています。理想を掲げ、成功は実行の質に左右されます。失敗者は非現実的で実践のない夢想の世界にいます。形而上だから成否は思いの質だけです。

真の成功を疎かにして、夢を語っているだけだったり、目先の快感を優先する先にあるものは現状維持です。変われません。

自分をもっと高めたい、学びたいと思って専門分野の本を読んだり、各種セミナーや講演会に参加して一向に実践しない人も同じです。

お金を払えば、成功ノウハウを手に入れることはできます。しかし、実践はあなた自身にかかっています。あなたには自分で自分の人生に責任をもち、自分の望むものを自己成長させながら手に入れ、実現する責任があります。

何かを得るためには代償を先に払わなければならない。これは成功の原理原則です。ライバルよりも成績を上げたい、上司に評価されたい、もっと刺激的なプロジェクトに携わりたい。でも失敗者は成功者ほどには仕事のスキルを磨くために、自己投資をしていない、余暇を割いていない、勉強していないのです。

求めるものに対しては正当な代価の先払いをしましょう。収入を上げたければ、仕事で成果を出さなければいけません。そのためには自己投資をして能力開発するのが先。結果はあとからついてきます。

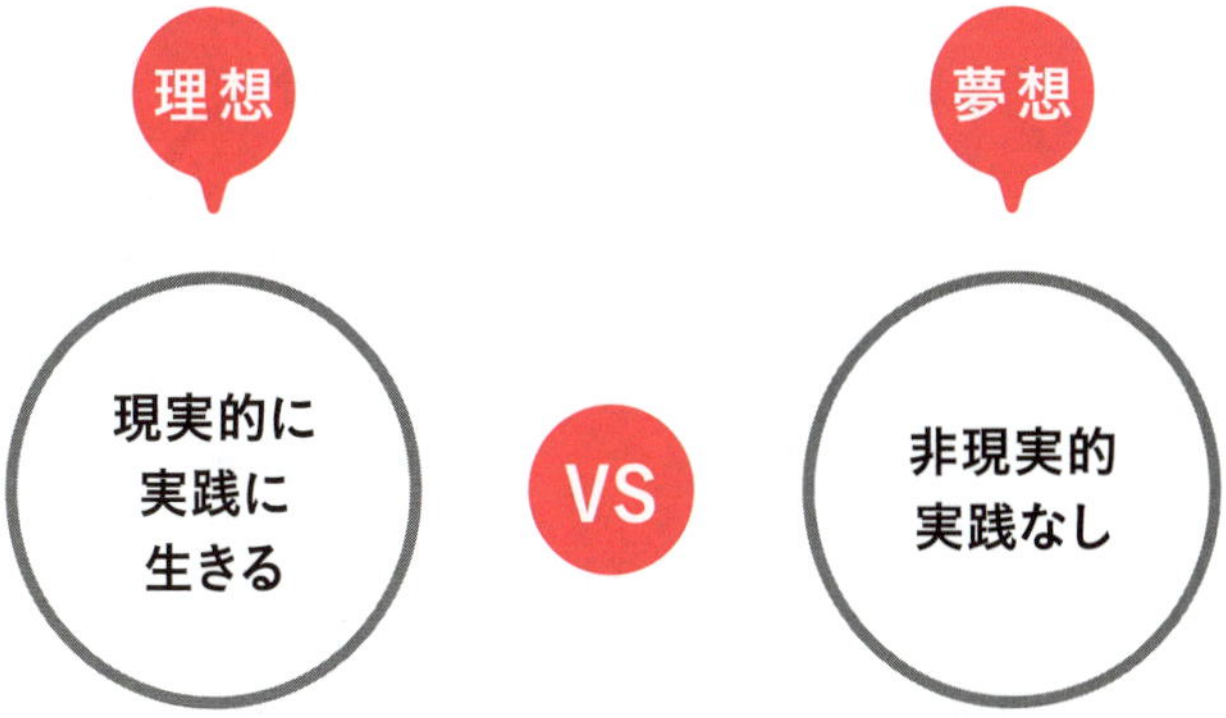

形而下(実行の質)

形而上(思いの質)

人間の思考は土地のようなものです。土地が悪ければ、どんなによい種を蒔いてもうまく育ちません。自己投資は巡ってきたチャンスをモノにするための土壌づくりです。報酬を得るためには、代価を先払いしなければならないのです。

失敗者は先払いしない自分を棚に上げて、原因を社会のせいに、会社のせいに、親のせいにします。泣き叫ぶと望むものを与えられるのは子どものときだけ。成功したければ、自分のルールを現実に適用するのではなく、原理原則を自分に適用しましょう。

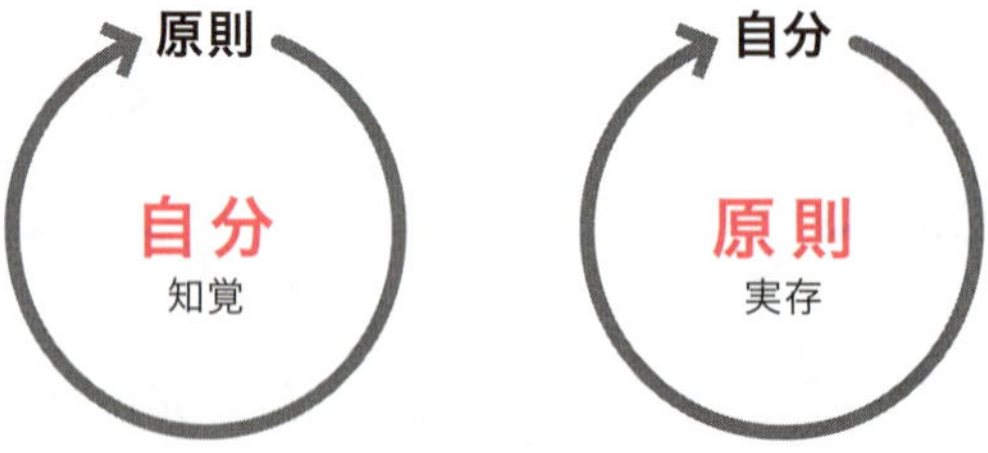

知覚
：
自分が捉えている現実

原則
：
自然界の摂理。
あらかじめ定められているもの、
知覚できないが、実存するもの

能力開発の5段階

世の中には自己啓発の書籍、セミナー・研修、教材が溢れています。しかし、語り尽くされてきたはずの成功ノウハウの数ほどに成功者は増えていません。人間が得た情報を自分の能力として身につけるまでには5つの段階があります。

レベル❶ 知識

情報を得なければ行動に移せません。多くのことを知ることは大切です。よく成功者は早起きだと言われます。それを知りながら、毎日夜更かしして、偏った栄養の摂り方を続けていたら絶対に健康になれませんし、成功できません。

立派な考えやアイデアをもっている人は世の中にたくさんいます。実践してはじめて成果が得られます。そのように認識してもらいたいのです。

知っていることを実際に使いこなせるようにならないかぎり、何も知らないのと大差はありません。知ったことを自分なりに深掘りして、行動を起こすまでを知るというくらい「知る」の基準を上げてください。

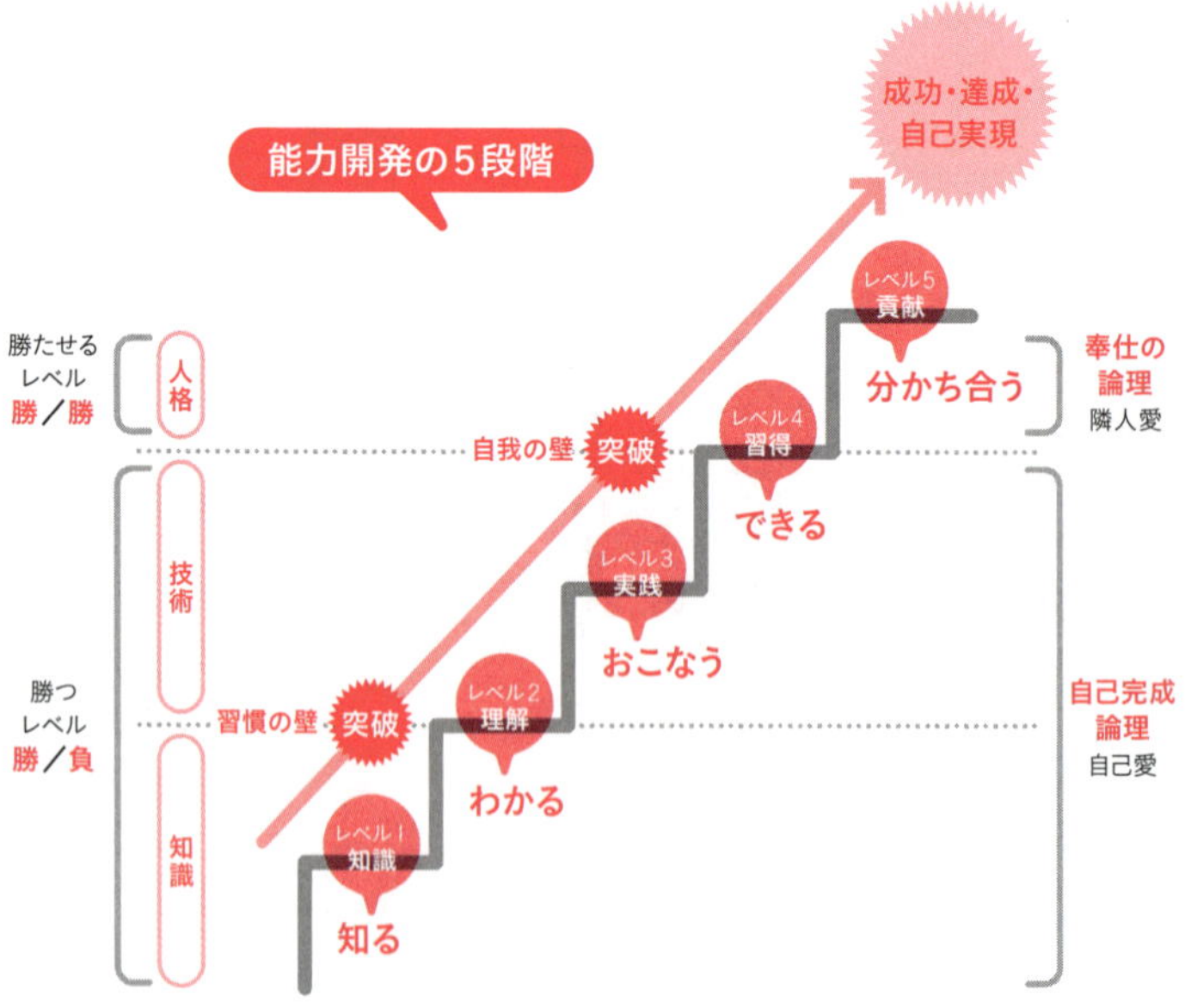

レベル❷ 理解

あなたは成功するために早起きが効果的な行動だと知りました。アラームをいつもより1時間早くセットしたものの、翌朝、部屋に鳴り響くアラームを止めて二度寝をしてしまいます。いつもどおりの時間に目覚めて、通勤電車のなかで自己嫌悪に陥ってしまう……。

有益な情報を得てもなぜ実行できないのでしょうか? 意志が弱いからではありません。その情報がいかに役立つかがわかっていないからです。

多くの人が成功ノウハウを知っただけで満足しています。実際に早起きをして、仕事がはかどる、日中よりも何倍も生産性が上がる、比例して成果が出る。成功者はこうした早起きの**効果がわかっています**。だからこそ、続けられるのです。

知ったことを実践できないのは意志が弱いからではなく、情報が不足しているだけです。成功ノウハウを知ってほんとうに大きな成果を残せたら継続するようになります。実行力不全に陥ったら、能力不足ではなく理解不足と振り返ってみましょう。

レベル❸❹ 実践・習得

第1段階の知る、第2段階のわかるは、本を読んだり、各種セミナーや講演会に参加したりして、知識を得たレベルです。

第3段階のおこなう、第4段階のできるは、知識として得たことを実践していくための技術を習得していく段階です。

知識のレベルから技術のレベルへと移行するとき、ひとつの大きな障害が立ちはだかります。この壁を習慣の壁と呼んでいます。

「健康のために毎朝ジョギングをする」「1日の終わりに反省日記をつける」。新たに何かを始めようと決意しても、多くの人は途中で挫折してしまいます。ちょっとしたことであればあるほど、「明日またがんばればいいや」という安直で怠惰な考えに流されてしまうのです。

目標達成の習慣とは知識ではなくスキルです。知って、理解しても実践しなければ身につきません。そして、実行しても三日坊主で終わっていては効果を発揮しません。

習得とは、いつでも再現できるということです。成功ノウハウを学んでも変われないのは、できるようになるまで実践しないからです。

目標は習慣化するまで続けると決めて立ててください。実践が大事だと言われますが、正確には習得してはじめて自分のものになります。

はじめは意識しながらの実行です。継続することでいつのまにか無意識でもできるようになります。

思考の管理→行動の管理→出来事の変化だと述べました。成功者の習慣を実践することで、自分の行動が成功者と同様になり、そのあとで出来事が変化し始めるのです。

レベル❺ 貢献

目標を立て、学び、実践して達成した。そのあとに真の成功者とそうでない人に分かれます。その差は、自分が得たものを分かち合っているかどうかです。技術も知識も、人と分かち合うことによって磨かれ、洗練され、普遍の技術として使いこなせるようになっていくものです。レベル4までは自己を愛すること。自己完成論理で行き着くことができます。習得レベルまで至ったあなたは、自分が体験し、知り、学び、よいと思ったことをできるかぎり多くの人に伝えましょう。「自分はいいと思ったし、勉強になったが自慢に思われるかな」「ほかの人に教えて、自分より能力を発揮されたら困る」といった狭い心では、成長に限界がきます。真の成功者はつねに頂点を極めるために、向上し続けます。貢献のレベルまで自己成長しましょう。

知識から技術のレベルへ移行する際に、習慣の壁があると説明しました。毎朝6時に起きて、その時間を学習に充てることがどんなに有益か知っても、実際に早起きを継続するのは容易ではありません。新しい習慣になるまで継続が必要になるわけです。**習慣の壁**です。

やがて6時起床が当たり前になって、勉強の習慣ができます。歯磨きのように、習慣になってしまえば、できる段階へ移行しますが、ここでまた壁にぶつかります。**自我の壁**です。

いざ、毎朝の学習を誰かに勧めようとしたとき、「真面目すぎると思われたら嫌だな」「ほかの人はもっと早起きしているかもしれない」など、他人からどう思われるかが気になります。もしここで自己完結してしまったら、それ以上の成長は見込めません。

本書を読まれているあなたは、ぜひとも知識と技術を駆使して、人にも貢献していける「人格のレベル」での実践に達していただきたいと思います。成功者は「知識、技術、人格」が三位一体となった人物なのです。

第2章

成功とは何か？

成功者に必要な3つの要素

第1章の最後に「知識、技術、人格」の3つが揃ってこそ、成功者であると述べました。これはどういうことでしょうか？

まず、知識（ナレッジ）は、5つの基本的欲求を満たすために、それぞれの分野について知識が必要です。「健康」「心理学（人間学）」「職業」「お金」「趣味・教養」の5つの領域です。

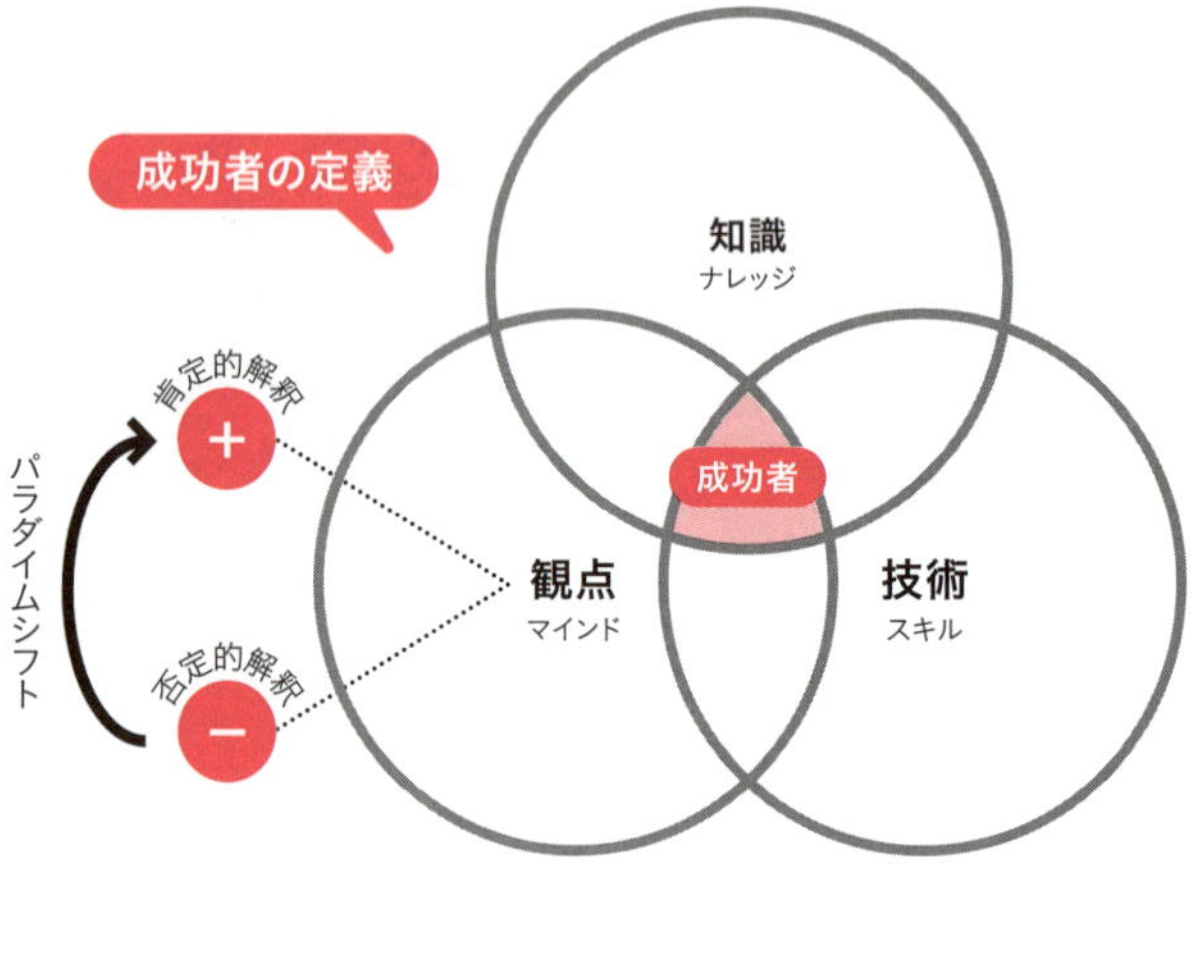

技術（スキル）は次の7つに分かれます。成功者とはもっとも身近な人から信頼され、尊敬される人物のことです。自分は活かされている、多くの人に支えられている。だからこそ、彼らに対してできる精一杯のことをする。そういう心が芽生えたとき、必ずあなたに力を貸してくれる人が現れます。目標達成するための技術はもちろん、人の力を借りられる技術も必要です。

❶**プライオリティマネジメント（優先順位）**：優先順位を守る。目標に向かって最優先テーマを実行する

❷**コミュニケーションスキル（意思の疎通）**：相手を理解し、自分の考えを相手に伝えることができる

❸**ヒューマンリレーションスキル（人間関係）**：どんな人とも仲良くなっていける能力を開発する

❹**タイムマネジメントスキル（時間管理）**：時間の有効活用と目的目標に向かって、効果的に行動を選択することができる

❺ **ネゴシエーションスキル（交渉力）**：交渉力を駆使し、目的目標達成のために、ほかの人を最大限に活用し、自分の目標を達成する

❻ **ディシジョンメイキングスキル（意思決定）**：願望実現に対して、効果的な意思決定ができる

❼ **マネジメントスキル（管理能力）**：他の人々の協力を得て、組織的に目標を達成することができる

最後に「人格」ですが、これは**観点（マインド）**と言い換えられます。知識（ナレッジ）技術（スキル）はその人の考え方によって活かされます。

成功と失敗を分ける決定要因は思考だと述べました。不可能思考ではなく、つねに物事を肯定的に捉える（可能思考）。高めた能力を活用して他者に貢献する。自己成長し続ける。真の成功者は原理原則を知り、観点（マインド）を磨き続けます。だからこそ知識（ナレッジ）技術（スキル）も活かされます。これら3つの要素を兼ね備えた人こそ成功者なのです。

戦略的に人生を経営する

成功とはなんでしょうか？　成功者は、あくまでも懸命に探し求めた目標を達成するべく邁進しています。気分で定められたようなものではなく、「どんな自分になりたいのか」「ほんとうにしたいことは何か」をじっくり考え、人生の目的から逆算した目標かつねに考えましょう。

ロバート・シュラーの言葉を借りれば「成功とは、自己の可能性の限界に到達すること」です。人は今いる快適な領域から抜け出せず、つい自分に甘い目標を設定しがちです。現実離れした高すぎる目標を設定することも好ましいとは言え

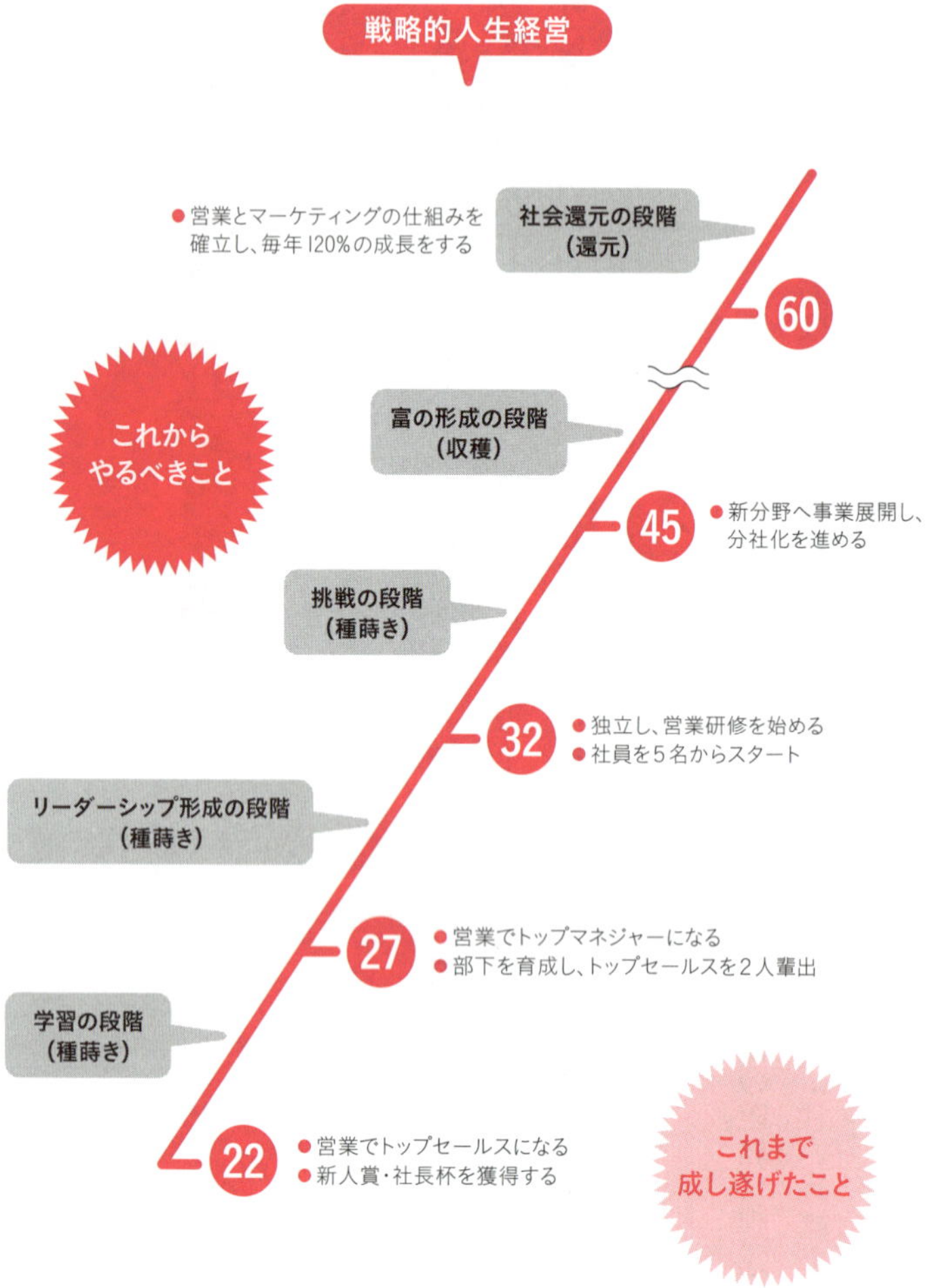
戦略的人生経営
●営業とマーケティングの仕組みを確立し、毎年120%の成長をする
社会還元の段階（還元）
60
これからやるべきこと
富の形成の段階（収穫）
45
●新分野へ事業展開し、分社化を進める
挑戦の段階（種蒔き）
32
●独立し、営業研修を始める
●社員を5名からスタート
リーダーシップ形成の段階（種蒔き）
27
●営業でトップマネジャーになる
●部下を育成し、トップセールスを2人輩出
学習の段階（種蒔き）
22
●営業でトップセールスになる
●新人賞・社長杯を獲得する
これまで成し遂げたこと

ないので、自分の力量を見極め、現実の延長線上に目標を設定することが大切です。目標の設定方法は次章で説明します。

ビジネス英会話をマスターすると決めたら、単語を1万語はおぼえる、文法の参考書を1冊解けるようにするなど、習得するまでにたくさんの要素がありますが、一度に取り組めるのはひとつずつです。小さな目標を段階的に達成していくことが、大きな目標の達成につながります。

成功と達成するためのプロセスを踏んでいく作業は、コインの裏表の関係にあります。プロセスが悪いと願望を実現しても永続的な繁栄は望めません。家族をないがしろにして仕事に没頭していれば、ビジネスの目標は達成できるでしょうが、状況が長引けば家庭は壊れていきます。

達成とは、一日一日の生き方そのものです。「時間がない」「忙しい」と大切な人との時間をなおざりにしていませんか？　ただ暇だからと、無為に時間を潰したり、付き合いの飲み会に参加したり、時間を浪費していませんか?

知行合一、言行一致。思っていることを実践し続けた先に成功があります。

「ほんとうはこう思っている」というのは観念の世界です。

学んだら、日常生活での習慣形成という訓練を重ねて、実行のレベルを高めるのです。本物か偽物かは、その人が行動によって語ることでわかります。

「実力を発揮したいところでなかなか使ってもらえない」

「自分の能力を正当に評価してもらえていない」

こう悩んでいる人が、世の中にはたくさんいます。人は、無限の力をもっていますが、顕在化した能力(表に現れた実績)でなければ、どんなに能力を秘めていても評価されません。

自分の能力を引き出すには、自己深化型と自己拡張型の2つの自己啓発方法があります。自己深化型は、1つのテーマをより専門的に、深めていく方法です。

自己拡張型は、多角的に視野を広げ、それぞれの分野で必要とされる知識・技能などを磨いていくやり方です。

前者はスペシャリストタイプで、より専門的な知識・技能を究め、その道では誰にも負けないという専門職としてのプロフェッショナルをめざすものです。医者、弁護士、会計士、プロスポーツ選手、プロのコンサルタントなど個人として特別な技能を持ち合わせている人です。

後者は、会社で言えば、経営全般の知識・技能を発揮するゼネラリストタイプです。経営者など人・物・金を組織し、付加価値を生み出すことによって経済的繁栄をつくり出す人です。

どちらをめざすかは、人それぞれ異なります。基本は、自分が興味をもっている分野、真っ先にやりたいと思うもの、やるべきだと考えるものにフォーカスするとよいでしょう。最初は、些細なこと、ちょっとした関心や興味をもっている分野からそのスキルを磨いていきましょう。

蒔いた種が芽吹き、花を咲かせるには時間がかかるように、真の成功を果たすには段階があります。学習の段階、リーダーシップ形成の段階、挑戦の段階、富の形成の段階、社会還元の段階の5段階です。何か新しい物事を始めるには、再度学習の段階になることもあります。自分がどのステージにいるかを見極め、一つひとつ段階を上げていきましょう。分野を絞って能力を磨いていくのです。行動が分散するとなかなかステージを上がれません。

成功の本質は遠くにはありません。毎日の習慣形成にあります。正しいステップを理解して能力を開発するのが戦略的人生経営です。

成功者の２大特徴

さまざまな偉人を研究した結果、彼らにはある共通点がありました。成功者は、まったき愛の人になろうとしていたのです。

偉人は思想が大きい。自分の命を投げ打ってでも、世のため人のためという貢献意識を強くもっています。

目的が人を育てます。貢献の人生を生き

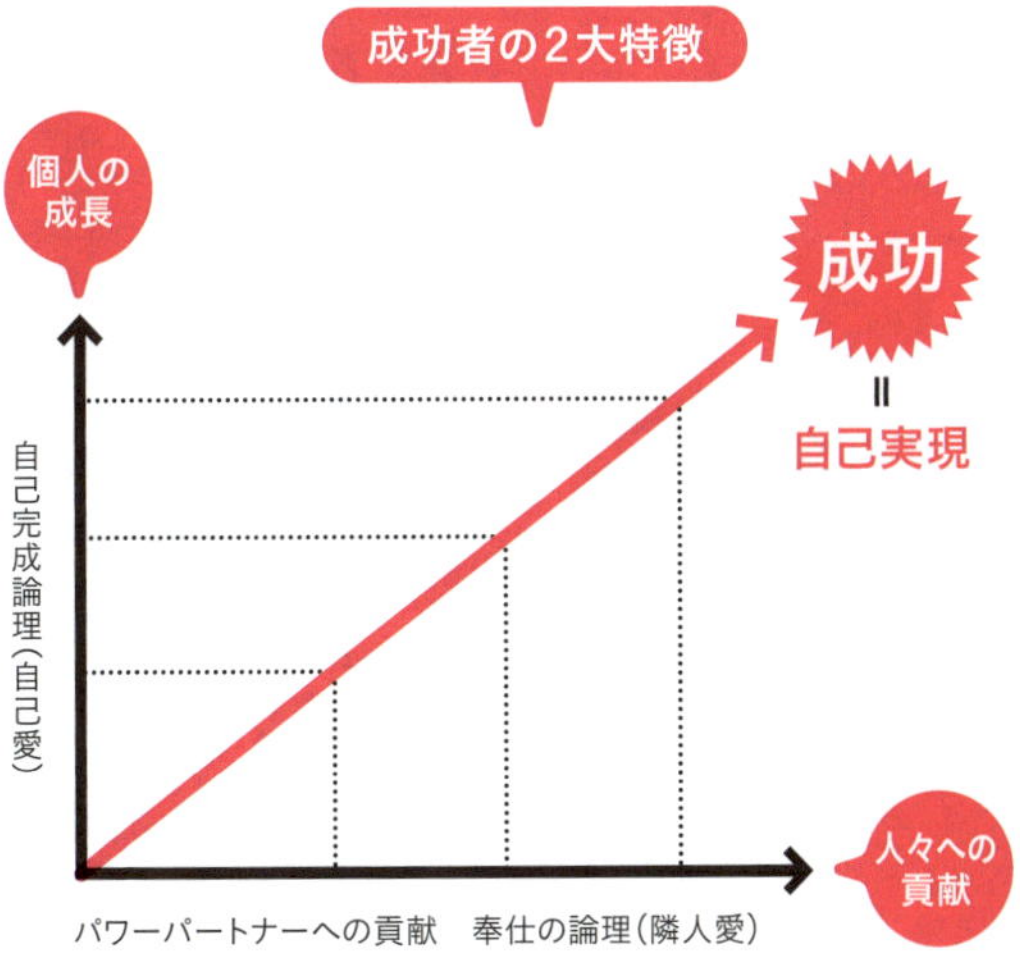

ている人はエネルギーに満ちています。真のリーダーは弱い人のために存在する。小成は大成の敵。小さな成功を手に入れた瞬間がもっとも危険です。愛を土台にした信念をもって、他者貢献のために、自己を成長させ続けましょう。

成功したとき、あなたはどんな人物になっていますか？　自己完成論理だけで勝ち負けの人生を送っていますか？　それとも他者への貢献を追求していますか？　個人の成長と人々への貢献が交差する先に成長（自己実現）があります。

そのためにまず準備しておくべきは成功者としての「理想の自己イメージ」を確立することです。自分の将来に対して、このような人間になりたいという明確なイメージを心の中に描いて成功をめざしましょう。

成功者としての理想の自己イメージを視覚化する

1 あなたが出会った人物のなかで、将来この人のように
なりたいと思うもっとも尊敬する人物は誰ですか？

なぜですか？

2 その人のどのようなところが感心させられるところですか？

①

②

③

④

3 あなた自身はどのような人物になりたいと思いますか？
理想の自己イメージを下記にまとめてください

★ 自分にとっての成功の条件、また実現の状態は？

成功タイプと失敗タイプ

成功者と失敗者は、次の4タイプに分類できます。あなたはどこに当てはまりますか？　印をつけてみてください。さらにそれを4分割して自分のタイプを考えてみましょう。

・成功タイプ：熱意があり、周り

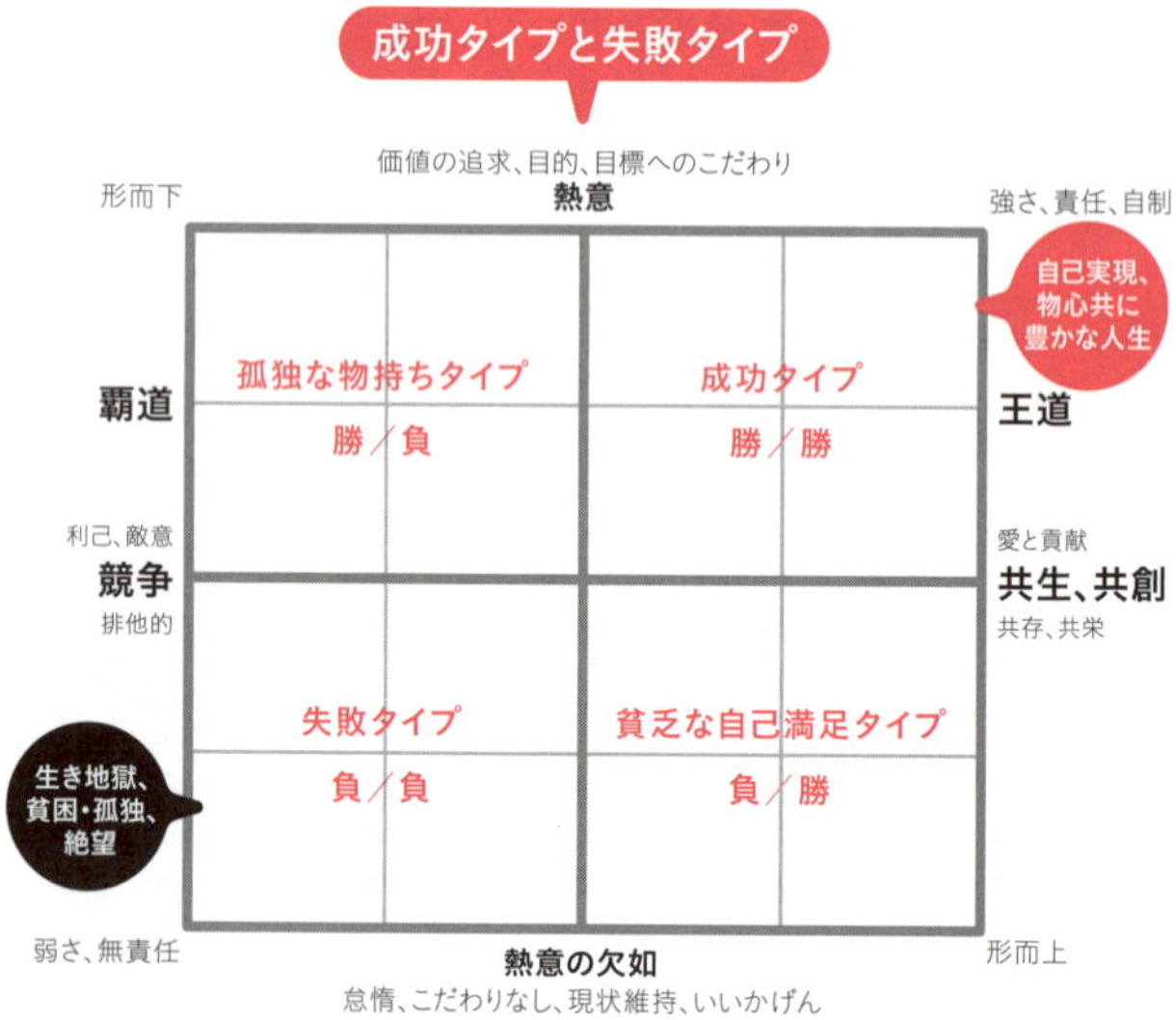

の人々とも協調し、貢献の精神で目的・目標に対する強いこだわりをもっています。勝ち勝ちを追求し、真の豊かさを得ます。

・**貧乏な自己満足タイプ**：お人好しで、自分を犠牲にして相手を勝たせてしまう負け勝ちのタイプです。成果よりもその場の気分に流される傾向があります。

・**孤独な物持ちタイプ**：達成への熱意はあるが、自己中心的で、競争心が強く、成果は出しているが、真の人間関係は築けないタイプです。「人に負けない」ことが価値観として根付いていますから、勝ち負けで覇道を突き進むと言えるでしょう。

・**失敗タイプ**：熱意も責任感も薄く、競争心だけが強い人です。他人や環境のせいにして周りを貶《おとし》める負け負けの振る舞いをします。

競争は自分のための願望実現、共生・共創は人のために自己実現をめざします。多くの人は負け勝ちタイプです。「人生はお金よりも愛が大切だ」と言いながら、経済的な基盤を確立せず自己満足の世界に生きています。

もしもっとたくさんのお金を持っていれば、今よりも広い家に住みたい、いい車に乗りたいのであれば、ほんとうはお金に対する憧れがあるのです。お金持ちになることを自分でブロックして精神論に走っていると、いつまで経っても豊かにはなれません。

勝ち負けタイプは、達成へのこだわりがありますから、一時的に出世する人もいます。しかし、覇道を進むので、孤独な物持ちタイプになりやすく、いつかは衰退が訪れます。

成功タイプは、自分の価値を知り、両親から愛されている自分の願望を実現する責任があると自覚しています。自分という存在が尊いからこそ、成功はしてもしなくてもいいものではなく、しなければならないものなのです。ここに気づくと勝ち勝ちの世界へ移行できます。

成功の条件

真の成功とは、自己成長と他者貢献の先にあります。ただ欲望のままに願望実現しても成功とは言えません。

成功しているとはどのような状態を指すのでしょうか？　掘り下げると、大きく5つの要素をもっています。いくら目標を達成しても、これら5つの要素が欠けていては成功とは言えないのです。

❶恐れ、怒り、罪悪感から解放された自由な心
❷心身ともに健康で活力がみなぎっている
❸人間関係の悩みから解放され、
すばらしい人的ネットワークを構築している
❹ライフデザインのもとに経済的基盤を確立している
❺人生理念に基づき一貫性をもって生きている

成功の条件 1

恐れ、怒り、罪悪感から解放された自由な心

どんなにお金をもっていても、地位や名声があっても、恐れ、怒り、罪悪感など、マイナスの感情に縛られ、心に安らぎのない人がいます。また、「あの人だけは許せない」など深い恨みをもっている人もたくさんいます。過去の出来事が心に影をつくってしまっている状態です。

自分が求めている人生に対して役に立たない解釈は一切しないことです。騙された経験から「もう人を信用しない」のか。「だからこそ、自分は誠実に生きよう」とするのか。解釈の仕方は自分で選択できます。

あなたは、コップに水が半分入っているのを見て「もう半分しかない」と捉えますか？「まだ半分もある」と捉えますか？

いずれにしても水が半分入っているという事実に変わりはありません。それをどう受け止めるか、どんな解釈をするかがあなたの現実になっているのです。

経営の神様と言われる松下幸之助翁は自身が成功した要因について後年こう語っています。「貧乏で、無学で、そして病弱だったからこそ成功した」。

周知のように松下幸之助翁は、父親の商売がうまくいかず、小学校4年生で中退し、9歳で丁稚奉公に出されましたが、天寿を全うされるときには、日本一のお金持ちであり、世界有数のグローバルカンパニーを築き上げました。事業家としての成功に学歴や家柄などは関係ないことを体現されました。

「貧しいからこそお金を大切にしよう」と思い、「無学だから、学のある人の話をよく聞こう」と努力し、「病弱だから、事業部制にしてどんどん人に任せよう」と英断したのはすべて松下幸之助翁の解釈です。物事をことごとく前向きに捉えて、偉大な成功者になったのです。

選択理論心理学の提唱者ウイリアム・グラッサー博士は、自己イメージと心の健康は密接な関係があると述べています。コンプレックスを抱いて、勝ち負けの世界ではいくら経済的に豊かになろうとも成功者とは言えません。

ある2組の夫婦がいました。1組目は、夫が仕事熱心で社会的地位も高く、近所の評判もいい家庭でした。しかし、夫は家族の時間がなかなか取れず、妻が始終文句を言っていて、遂には離婚に至ってしまいました。

もう1組の夫婦は、「いつも家族のために働いてくれてありがとう」と忙しく働く夫に感謝する妻でした。この夫婦は、生涯、円満な家庭を築いていくでしょう。この違いはなんでしょうか？

人には知覚の窓というものがあります。

- 自分にも他人にも知覚できる世界
- 自分には知覚できるが、他人には知覚できない世界
- 自分には知覚できないが、他人には知覚できる世界
- 自分にも他人にも知覚できない世界

人間はこれら4つの世界で現実を捉えていくのです。1組目の妻は自分中心に物事を考えていたのでしょう。自分はこんなに家族のことを思っているのに、夫は理解してくれない。だから不平不満が絶えなかった。

一方、2組目の妻は、夫の知覚も理

知覚の窓

自分にも他人にも知覚できる世界	自分には知覚できるが他人には知覚できない世界
自分には知覚できないが他人には知覚できる世界	自分にも他人にも知覚できない世界

解しようと努め、家族としての目的にお互い貢献できるよう主体的に行動していたため、夫婦のすれ違いは起こりませんでした。

受ける愛には不自由で不満が芽生えます。与える愛は自由で感謝が生まれます。わたしが憧れの社長さんのもとで働かせていただいていたとき、ほかのメンバーは早朝からのミーティングに不満を言っていました。わたしは朝早くにも夜遅くにも感謝し、車を洗い、靴を磨きました。ゴマをすっていたわけではありません。上司を素直に尊敬していたのです。すべてに感謝する。あなたの現実すべてを肯定するのです。すると、自己イメージも高まります。

自己イメージが低いと不愉快な比較をしてしまいます。比較からはよいものは生まれません。良いものがあると不満、悪いものを見たら現状維持となります。

ある経営者から相談を受けたときの話です。
「自分はほんとうにダメな人間だ。どう思いますか?」と聞かれたので、わたしは、「ダメなんでしょうね」と素直に返答しました。すると、「それはないよ」と言ってくるのです。思わず「社長は慰めてもらいたくて自分を否定する発言をしているのではありませんか？」と聞き返しました。

生い立ちや素質は人それぞれ違いがあります。しかし、変えられないものにとらわれず、変えられるものだけに焦点を当てて、自分の人生の舵を自分で取るのが成功者の生き方です。

人間はありのままの自分を受け入れてほしい、そのままでも評価してもらいたい生き物ですから、うまくいかないことが起きると誰かのせいにしがちです。人にしてあげたことが返ってこないと不満に思います。自分の存在意義がかかってくるからです。反対にこれまでたくさん人から受けたこと、してもらったことはそれほど感謝していません。そして、他人にしたことが返ってこない、自分のしたいことがうまくいかないとあきらめがちになります。

自分は人から面倒を見られて当たり前ではないのです。人はそれぞれです。一切比較しない。相手は相手でしかありません。

そして、人は不完全です。どこかが足りないではなく、いまの人生を受け入れ、他人を認め、お互いに自立しながらどうしたら力を合わせて成長できるか、人生を向上させられるのかを考えましょう。健全な自己イメージで、恐れ、怒り、罪悪感から解放された自由な心の持ち主が真の成功者です。

あなたは日々、新しい自分に出会っています。あなたがどう生きるかはあなたが選択できます。

成功の条件2

心身ともに健康で活力がみなぎっている

どんなに財を成しても、地位や名声を得ようとも、健康を失えばすべてを失います。潑剌《はつらつ》とし、活力に溢れた毎日を送るための条件が心身の健康です。

健康は日々の習慣によって管理していくものです。次に健康管理の7つのポイントを明示します。チェックしてみてください。暴飲暴食、規律の乱れた生活は、健康を損ない、英気も養われません。規則正しい生活、栄養バランスの取れた食事、適度な運動を心がけて、人生を楽しく充実させる基盤をしっかりつくりましょう。

健康管理の7つのポイント

- □適正な睡眠時間
- □喫煙をしない
- □適性体重を維持する
- □過度の飲酒をしない
- □定期的に発汗できるスポーツをする
- □朝食を毎日食べる
- □間食をしない

これらはすべて基本的な事柄です。誰でも健康に役立つと知っています。なぜ健康を害してしまうのか？　客観性に欠けた行動を繰り返すからです。生産せずに消費をすればお金がなくなるように、不摂生を続ければやがて不健康になるのは明らかです。

自分の知覚ではなく、原理原則を中心にして日々の生活習慣をつくりましょう。

成功の条件 3

人間関係の悩みから解放され、すばらしい人的ネットワークを構築している

アメリカの統計によると、「わたしは今現在、幸せな結婚生活を送っている」と答えた人は、100人のうちわずか5パーセント。「まあまあだ」という人は10パーセント、残りは「もう一度やり直したい」と答えたそうです。

愛を人生の中心に置いている人と、お金やそれ以外のことを中心に置いている人とでは、周りに起こる現象が違ってきます。

私たちはつい自分ではなく、相手を変えようとしがちです。じつは人間関係においてもっとも慎むべきことです。人の心を支配しようとするも同然の行為だからです。幸せな人間関係が築けないのは当然でしょう。ありのままの相手を受け

入れ、寛容であること。人格そのものを愛するのが真実の愛です。

ウイリアム・グラッサー博士は次のように述べています。

「関係がよければ私たちの人生は喜びで溢れている。しかしながら私たちのほとんどは、もっとも近い人々との人間関係（家族関係など）で困難を経験している。これは私たちが家族をもっとも批判し、家族も私たちを批判するからだ。ほとんどの家族は、批判が人間関係に破壊的であることに気づかず、批判にどっぷり浸っている。」（『テイクチャージ　選択理論で人生の舵を取る～』）。

愛とは観念の世界ではありません。相手の立場に立ち、愛する対象者の望みを叶えることとです。相手に感謝して、喜んでもらえる生き方を大切にすれば人間関係の悩みから解放されてすばらしいネットワークを築けます。

選択理論心理学では、「人間関係構築の原則」と「人間関係破壊の原則」を定義しています。

人の行動は外部の刺激による反応ではなく、自らの選択であるというのが選択

7つの習慣

普段自分が習慣としていることに、それぞれチェックを入れてみてください

人間関係構築の原則 思いやりを示す7つの習慣 （愛の原理） 内的コントロール理論	人間関係破壊の原則 7つの致命的習慣 （力の原理） 外的コントロール理論
□ 1. 傾聴する	□ 1. 批判する
□ 2. 支援する	□ 2. 責める
□ 3. 励ます	□ 3. 文句を言う
□ 4. 尊敬する	□ 4. ガミガミ言う
□ 5. 信頼する	□ 5. 脅す
□ 6. 受容する	□ 6. 罰する
□ 7. 意見の違いについてつねに交渉する	□ 7. 自分の思い通りにしようとして褒美で釣る

内的コントロール理論

⋮

人の行動は外部の刺激による反応ではなく、自らの選択であるという理論（選択理論）

外的コントロール理論

⋮

人の行動、感情は外部の人や環境からの刺激に対して反応するという従来の心理学（刺激反応理論）

理論ですから、内的コントロール理論とも呼ばれます。そこから導き出された「人間関係構築の原則」が、思いやりを示す7つの習慣です。

一方、人の行動、感情は外部の人や環境から刺激に対して反応するという外的コントロール理論に立脚している従来の心理学では、7つの致命的習慣のようなアプローチで関わろうとします。

求めているものと現実のギャップのなかで7つの致命的な習慣を使いたくなるときがくるかもしれません。たとえば、子どもが宿題もやらずにテレビを見て夜更かししている。宿題をやらなければ、よい子になれないという思い込みから致命的な習慣を使いがちですが、人はコントロールできないので、選択理論的なアプローチに変えることができます。テレビを見る時間をルールとして決めておく。すると、子どもも納得感をもてます。

土台に敷いているものが違うのです。「人間関係破壊の原則」の根底にあるものは力です。相手は自分にとっての競争、競合であって勝ち負けの世界です。淘汰を続けていけば、やがて分離や破壊に至ります。

一方、「人間関係構築の原則」は土台に愛があります。どうしたら協力できるのか、協調できるかを重視しますから、双方勝利、Ｗｉｎ－Ｗｉｎの関係が結べてともに成功、反映していけるのです。愛とは愛する対象者が到達しうる最高の祝福に至ることを願い、そこに至ったときにそれを喜ぶ心を言います。愛とは他人の可能性の追求に誠意を傾けることです。愛は耐えることでもあります。一切、批判をしなければ、最初は怠惰に振る舞うかもしれませんが、最終的には自己評価で必ず改善される。人は変えられないと思いましょう。人が変わるときは、本人が情報を得て変わることを選択したときだけです。

どんなときでもこの３つ目の条件を忘れないでください。家族も含めて周りの人々と幸せになるために、どういう表現の仕方をするかを究めることも、成功するための重要なポイントです。

成功の条件
4

ライフデザインのもとに経済的基盤を確立している

戦略的人生経営には、種蒔き収穫の法則に則った5つの段階があると述べてきました。学習の段階、リーダーシップ形成の段階、挑戦の段階、富の形成の段階、社会還元の段階です。

それぞれのステージに応じた経済的基盤の確立は必須です。資産を築くためには4段階あると言われています。投資をして能力開発をする→稼ぐ→蓄える→増やす。この善循環で富める者はますます富むのです。

世界の億万長者に「なぜあなたは成功したのですか？」と問いました。すると、

次の5つの理由に集約されたそうです。

❶ 誠実（正直）であったから
❷ 自制心（自己鍛錬）があったから
❸ 社会性に富んでいたから
❹ パートナーに恵まれていたから
❺ 勤勉であったから

目標が変わるとしなければならないこと（MUST）が変わります。それを自分で極めていけば成功できます。好きなことを仕事にして究めるか仕事を好きになるまで突き抜けるかどちらかです。

ではMUSTができるようになるためには、どうしたらよいのでしょうか？　それが能力開発です。稼ぐとは、価値を提供すること。相手の望みを叶えられるスキルを身につけるのが成功の第一歩です。

また、目的をもったとき、あるいは何かチャンスが巡ってきたとき、実現するためには相応のお金が必要です。普段から貯金をする習慣を身につけておきましょう。「備えあれば憂いなし」は有事の際だけではなく、先行投資をして機会をつかむための準備でもあります。

欲望に流されるままに浪費したり、必要以上の贅沢をしたりしていたら、いつまで経ってもお金は貯まりません。ライフデザインのもとに経済的な基盤を日ごろからしっかり築いておくことは成功への必須条件。最低でも年収の2倍〜3倍の貯蓄があれば経済的な不安から解放されるでしょう。

成功の条件
5

人生理念に基づき一貫性をもって生きている

人生理念とは、あなたの価値観、信条、哲学などです。そこには価値ある目的を置くべきです。価値ある目的とは、自分のためだけではなく、人々の役に立つものです。自分の人生理念を人々や社会への貢献につなげましょう。自己成長と他者への奉仕が重なるところに成功（自己実現）があります。

価値ある目的と理想に生きることとは、張りのある人生につながります。目的意識をもった達成は、「自分はできるんだ」という肯定的な解釈を生み出します。自己実現感は生きがいにつながり、達成を繰り返すことで「いつもよいことが起

こるような気がして仕方がない」と積極的に生きられるようになります。その姿勢がますます達成を呼び込むのです。

さらに未来への見通しができると、過去の出来事にも感謝できるようになります。こうして成功者は自分の人生を肯定し、関わる人すべてに感謝をもって貢献するのです。

以上の5つの条件を満たすことが成功です。それぞれの条件を満たせるような目標を設定し、達成をめざしましょう。

では、次章から具体的に目標を設定していきます。

第3章

超一流の
目標設定

人生の目的を考える

あなたの人生の目的はなんですか？

この問いに対して、明確に即答できる人は少ないのではないでしょうか。小さなころは夢を描いていても、大人になるにつれ、日常の仕事や生活に埋没してしまい、なかなか客観的に自分を振り返る余裕がなくなってきます。「こうあるべき」「こう生きるべき」という社会の通俗的な規範に引きずられ、「何がしたい」のかが漠然としてしまいます。流されてなんとなく生きている人も多くいます。

しかし、もし余命3ヵ月と宣告されたら、残りの時間、誰と一緒に過ごしますか？　あるいは、墓碑にどのような言葉を刻みますか？　自分自身にどんな弔辞を読み上げますか？　次ページにキーワードをリストアップしてみました。自分に合ったキーワードを3つ選んでみてください。当てはまるものがなければ、自分なりの言葉を書き込みましょう。

人生理念とは、個人のもっとも大切な価値観、信条。国家における憲法のようなもの。法人では企業理念にあたります。まさに自分の存在価値であり、自分の考えで自分のために定義すべきものです。人生理念を明確にもっていないと燃え尽き症候群に陥ってしまいます。

具体的な目標設定をするときは、土台となる人生理念について深く考え、自分の人生の目的を知り、それをいつも自覚する必要があります。

あなたは何を基準として、またどんな価値観をもっているのでしょう。日ごろ大切にしている価値観、哲学、信条、理念を書き出してみてください。

人生理念のキーワード

1 □ 愛	2 □ いたわり	3 □ 援助	4 □ 思いやり
5 □ 感謝	6 □ 完全	7 □ 希望	8 □ 勤勉
9 □ 謙虚	10 □ 献身	11 □ 健全	12 □ 向上心
13 □ 公平	14 □ 最善	15 □ 正直	16 □ 純粋
17 □ 従順	18 □ 実践	19 □ 信仰	20 □ 親切
21 □ 栄誉	22 □ 慎重	23 □ 真剣	24 □ 真理
25 □ 信用	26 □ 信頼	27 □ 正義	28 □ 成長
29 □ 誠実	30 □ 責任感	31 □ 善良	32 □ 尊敬
33 □ 慎み	34 □ 忠実	35 □ 道徳	36 □ 努力
37 □ 忍耐	38 □ 熱心	39 □ 平安	40 □ 平穏
41 □ 平和	42 □ 奉仕	43 □ 誇り	44 □ 真面目
45 □ 約束	46 □ 優しさ	47 □ 安らぎ	48 □ 勇気
49 □ 喜び	50 □ 礼儀正しい	51 □ 卓越	52 □ 上質

自己記入欄

53 □　54 □　55 □

あなたの人生理念（価値観、哲学、信条）は

基本的な欲求を明確にする

あなたが人生で大切にしたい価値観が浮き彫りになりました。それはあなた自身の人生の目的となり得るものです。

次のワークでより明確にしていきます。今度はあなたの遺伝子に刻まれている基本的欲求それぞれの強さを知る作業です。自分の望んでいる事柄の□にチェックをしてみてください。

基本的な欲求の強さを明確にする

- □ 優雅な生活 …… D
- □ のんびりとした人生 …… D
- □ 円満な家庭 …… B
- □ 趣味のある人生 …… E
- □ 人との交流の多い生活 …… B
- □ 高い報酬 …… C
- □ やりがい・充実感 …… C
- □ 組織に束縛されない仕事 …… D
- □ 規則正しい生活 …… A
- □ 適度な運動 …… A
- □ 人の役に立つ人生 …… C
- □ 健康的な食生活 …… A
- □ 変化に富んだ人生 …… E
- □ 身近な人との良好な関係 …… B
- □ ストレスのない生活 …… D
- □ 面白さ …… E
- □ 財産形成・経済的自由 …… D
- □ 権威や高い地位 …… C
- □ 周りからの尊敬・信頼 …… C
- □ 笑いと喜びに満ちた人生 …… E
- □ 子孫繁栄 …… A
- □ 適度な休暇 …… A
- □ 好きなことができる仕事・生活 …… E
- □ 愛に溢れた暮らし …… B
- □ 同じ趣味・目標の仲間がいる …… B

キーワードにあるA～Eのアルファベットは、それぞれ次の欲求を示しています。

A 生存の欲求 ……… 健康や身の安全、長生きの願い、病気をしたくないといった身体に関する願望。

B 愛・所属の欲求 … 他人と関わっていたいという欲求。

C 力の欲求 ………… 何事かを成し遂げることにより、自分が価値あるものであることを確認したいという欲求。

D 自由の欲求 ……… 束縛から離れ、自立したいという欲求。多くの収入を得、経済的に豊かな人生を送りたいという欲求。

E 楽しみの欲求 …… 喜びを得ることにより、心を豊かにしたいという欲求。

あなたはどの欲求が強かったですか？　あなたが頭で考えていることと、基本的欲求をベースにした願望は一致していますか？　異なっていますか？　あなたはどんな人生を送りたいですか？

あなたが望んでいる生活は？

徐々にあなたの願望が明確になってきました。ここでは、具体的にあなたが望んでいるライフスタイルを明確にしていきます。あなたが望むライフスタイルの□にチェックを入れてください。その中からもっとも望むもの１つを選んで○で囲んでください。

あなたが望んでいる生活は？

- □ 現状維持的な生活
- □ 自然のままの生活
- □ 安定した生活
- □ 仕事中心の生活
- □ 築き上げる生活
- □ 晴耕雨読の生活
- □ 静かな生活
- □ 不安のない生活
- □ 人と交流の多い生活
- □ 団らんのある生活
- □ 趣味に生きる生活
- □ 人に誇れる生活
- □ 尊敬される生活
- □ 健康な生活
- □ 規則正しい生活
- □ 人の模範となる生活
- □ 他人と違った生活
- □ 落ち着きのある生活
- □ 挑み続ける生活
- □ 働かなくてもよい生活
- □ 他人と共感しあう生活

あなたはどんな生活を送りたいですか？
理想のライフスタイルをまとめてみましょう

あなたはどんな仕事がしたいのか？

ライフスタイルが明確になりました。次は仕事分野です。あなたは、いまの仕事に楽しみを見出していますか？　どんな職に就こうと、楽しみを見つけ、主体性をもって取り組めるように、自分の資質を分析しましょう。

ここでは、改めて自分の職業的興味を探ってみます。次の項目から、興味、関心のある職業形態にチェックをしてみてください。

あなたはどんな仕事がしたいのか？

- □ マイペースでできる仕事……B
- □ 思考力を必要とする仕事……E
- □ 戸外で人と会うことの多い仕事……A
- □ 先の予測が厳しい仕事……D
- □ あまり目先の変わらない仕事……C
- □ 行動力の必要な仕事……F
- □ 人にモノを教える仕事……A
- □ 身体で覚える仕事……F
- □ その時々で内容が変わる仕事……D
- □ 個人作業の多い仕事……B
- □ やり方が決まっている仕事……C
- □ 緻密に物事を考える仕事……E
- □ 活動的な仕事……F
- □ 状況に応じて目まぐるしく変化する仕事……D
- □ 短期的に変化する仕事……D
- □ 一人で調べものをするような仕事……B
- □ 論理的な仕事……E
- □ パターン化された仕事……C
- □ 人を援助するような仕事……A
- □ データに基づいて進める仕事……E
- □ つねに目先が変化する仕事……D
- □ やる事が決まっている仕事……C
- □ 大胆な行動を要する仕事……F
- □ 多くの人と触れ合う仕事……A
- □ 仲間と一緒にやる仕事……A
- □ 室内で机に向かう仕事……B
- □ 身体を動かす仕事……F

それぞれのキーワードは、次のように分類されます。

A　対人接触の多い仕事
B　１人でコツコツやる仕事
C　長期安定的な仕事
D　変化に富んだ仕事
E　ジックリ頭を使う仕事
F　バリバリと行動力を活かす仕事

どんな仕事が理想ですか？
あなたの求める仕事、職業を書き出してください

人生理念・ビジョンの設定

これまでのワークによってあなたの価値観を確認してきました。では、人生の目的、ビジョンを描いてみましょう。ビジョンは夢、願望、希望であってもかまいません。

わたしの人生の目的

人生のビジョン(あるいは将来の夢、願望、希望)

目的と目標は違う

目的とは、自分の価値観や信条、理念です。その目的を遂げるために目標を設定していきます。目標とは、自分が掲げた目的を達成するため、いつまでに、何を実行していくのか、期限をはっきり定めるものです。

たとえば、人生の目的を「愛、貢献」と決めたら、「家族を守り、会社の一員として質の高い仕事を通して社会に貢献していく」という理想の姿を思い描きます。これが何を達成すれば目的を遂げた状態かを示すビジョンです。

そのためには、何をしたらいいのかを考えます。具体的な行動として、10年後

には「一部門の責任者になって、優秀な部下をもち、より大きな仕事をする」。そのために5年後までに「仕事の分野を国内から世界に広げる。海外の駐在員になる」。1年以内に「社内の資格テストに合格する。ビジネス英会話を身につける」と段階を追った目標を考えます。

一期間でその目標を達成するためには、さらに詳細な計画が必要になります。たとえば、「1年以内にビジネス英語を身につける」。そのために「英会話教室に毎日通う」「ネットやラジオの英会話講座を毎日聴く」などするべきことが見えてきます。これが人生の目的から日々の実践につなげていく戦略的な目標の達成方法です。

この概念を示したものが「アチーブメントピラミッド」です。

ピラミッドの土台には**人生理念**があります。これはブレない自分の軸です。企業に企業理念があるように、あらゆる物事を判断し、選択する羅針盤になります。

アチーブメントピラミッド

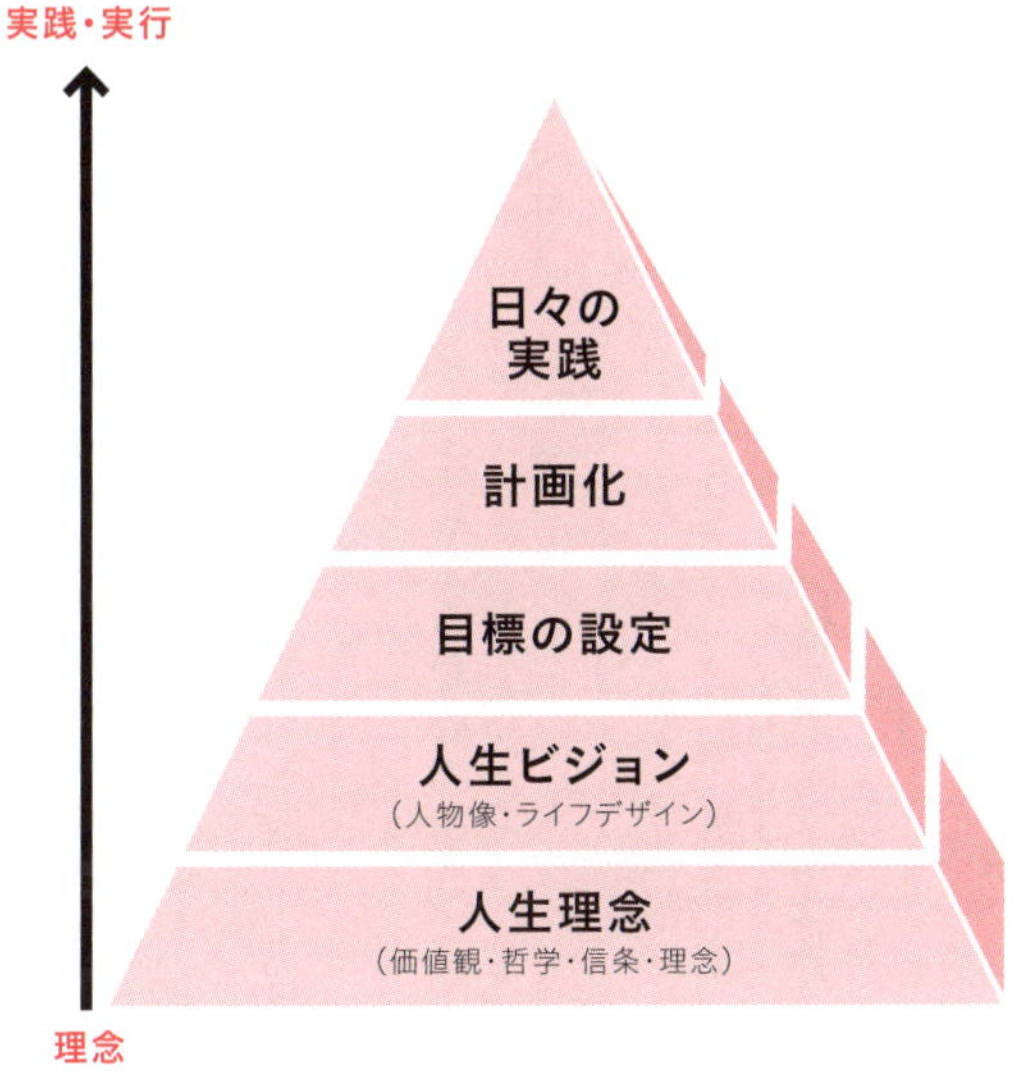

成功のステップ

1 人生の土台となる価値観をまず固める
2 そのうえに構築するビジョンや将来のあるべき姿を明確にする
3 目的を遂げるための目標を設定する
4 目標を達成するための計画を立てる
5 最終的に日々の実践に落とし込み、行動する

自分のもっとも大切にする価値観を明確にすることで、有限な人生のなかで戦略的に自分を活かす場所が確立できます。

この土台の上に人生ビジョンを積み上げます。しっかりとした人生の価値観・哲学・信条・理念に支えられることによって、揺るぎない将来のあるべき姿が浮かび上がってきます。

次いで、人生ビジョンを実現するための長期、中期、短期と期限をきった目標を設定していきます。

思考と行動の最適な管理方法は、目標設定です。目的から目標を設定して、日々実行する。これが目標達成の技術です。達成を重ねていくと、将来自分のやりたいこと・姿に自然となっていきます。

学んだことは90日間実践すると定着しやすく、また自分の思考・行動パターンも見えてきます。そこで『頂点への道』講座では、3年で6回の再受講をします。90日間、思考（求めるもの）と行動（していること）を一致させる実践をおこないます。改めて目標達成の技術を学び、ふたたび90日間取り組む。3年間続けて目標達成スキルを体得します。

さて、ここまでおこなってきたワークであなたの人生の目的は明確になりました。これから達成していく鮮明な将来のイメージを描いて、数値化した目標を設定していきます。

ただ、目標を設定する前に、自分の能力を棚卸しして、現状を分析しておきましょう。本棚を整理するように、どのような資源があるのか、これから必要なのかを視覚化しましょう。より精度の高い目標を設定できるようになります。

自己の資源を分析する

知り合いに「1年後にアメリカに留学してMBA（経営学修士）に挑戦する」という目標を立てた人がいました。意欲的な人だと感心し、何気なく「英語のTOEFLは何点くらいですか？」と聞いてみました。

すると「英語は中学、高校で学んだ程度で、それも受験英語ですから、全然しゃべれません。これから勉強するんです」と聞いて驚いてしまいました。

夢想ではなく理想の人生を生きるためには、現状分析できていることが重要です。ビジョンが固まったら、目標を設定する前に自己資源と自己の強み弱みを知って現在地を知りましょう。

自己資源分析表

	仕事・職業経験	能力・知識	技術・技能・資格	財産・資産	人的ネットワーク	その他
いつでも使える状態になっている資源						
少し磨けばまだまだ自分にとって有効な資源となり得るもの						
現在のままだと陳腐化してしまう恐れのあるもの						
今後、必要になってきそうな資源						

← 記入例 P110

自己資源分析表　記入例

	仕事・職業経験	能力・知識	技術・技能・資格	財産・資産	人的ネットワーク	その他
いつでも使える状態になっている資源	営業・交渉能力	ファイナンシャル・プランニング	AFP(国内資格) 剣道4段	マンション 銀行定期預金 郵便局積立貯金	生保の顧客 学生時代のゼミ(経営学科)仲間及び先輩 前職(商社)同僚・得意先 AFP関連	
少し磨けばまだまだ自分にとって有効な資源となり得るもの	営業企画・マネジメント	英語会話 商業英語	フルート演奏	妻のクラフト制作能力 販売能力	異業種交流会で出会った方々	
現在のままだと陳腐化してしまう恐れのあるもの	貿易実務	1対マスのプレゼンテーション能力	商業簿記	同窓会等社会に出る前に交流のあった人々	遠い親戚	
今後、必要になってきそうな資源	人脈の源になるような大物経済人とのお付き合い	不動産等リスクマネジメントの要素	CFP(国際資格)	教育資金(長男・長女) 環境活動資金	士業(弁護士・会計士・税理士等々)の方々との交流	

自己の強み・弱みの分析（成功・失敗の因果関係分析）

	過去のもっとも大きな成功		過去のもっとも大きな失敗	
	仕事関係	仕事関係以外	仕事関係	仕事関係以外
内容（結果）				
成功要因・失敗要因（原因）	自分・他者・環境に分けて記してください	自分・他者・環境に分けて記してください	自分・他者・環境に分けて記してください	自分・他者・環境に分けて記してください
	（自分）	（自分）	（自分）	（自分）
	（他者）	（他者）	（他者）	（他者）
	（環境）	（環境）	（環境）	（環境）

成功・失敗から学ぶこと	自分の強み・プラス面	自分の弱み・マイナス面

自己の役割を知る

先の例で言えば、MBA取得は仕事の側面しか反映していません。あなたは人生においてさまざまな役割をもっているはずです。

次の表を見て、自分の役割を書き出してみましょう。あなたが目標達成の習慣を形成しようとしたときに、どんな環境の変化が起こるでしょうか？　その結果、役割はどのように変化するでしょうか？　自分自身をさまざまな角度から客観的に分析してみてください。

自己の役割(求められている役割の現在と変化後)

あなたが周りから求められているさまざまな役割を考えてみよう。

また、それを変化させる環境変化を挙げて、いまの役割がどのように変わるのかを書き出します。

役割変更をきたす環境変化

現在 変化後	●会社や仕事におけるあなたの役割、またはそこにおいて求められている役割	●家庭において(父親として、母親として、夫として、妻として、子どもとして)	●親戚において
現在 変化後	●職場において	●自分自身において(使命や個性)	●地域社会において(市民・町民として、県民として、国民として)
現在 変化後	●同窓会・サークルにおいて	●自己啓発・能力開発において	●地球人として、国際人として

パワーパートナーをつくる

自分が成功させたい人で、その人の成功が自分の成功となる人のことをパワーパートナーと言います。

あなた一人の力で目標は達成できないはずです。仕事で成果を出したければ、職場の人間はもちろん、配偶者の協力も得なければならないでしょう。ともに力を合わせて生きてゆく人々の質と量が自分の成功を決定しています。

満足する人生を送るためには、パワーパートナーとともに成功するという考え方が重要です。自分のパワーパートナーを書き出し、彼らとよい関係を築いていくために、自分にはどんな貢献ができるのかを考えましょう。

人脈マップ＆人脈深度（成功も失敗も85％は人間関係）

［ 深度の目安 ］

深度1　単なる付き合い。年賀状レベル

深度2　最近出会った人で、なんらかの貢献をしたい人

深度3　仕事・趣味・家族関係などで長く付き合いたい人

深度4　一生貢献したい人。人生の師。親友

深度5　臓器移植してもいい人

現在の会社・仕事関係

	深度の目安
☐	5 4 3 2 1
☐	5 4 3 2 1
☐	5 4 3 2 1
☐	5 4 3 2 1
☐	5 4 3 2 1

能力開発関係

	深度の目安
☐	5 4 3 2 1
☐	5 4 3 2 1
☐	5 4 3 2 1
☐	5 4 3 2 1
☐	5 4 3 2 1

過去の会社・仕事関係

	深度の目安
☐	5 4 3 2 1
☐	5 4 3 2 1
☐	5 4 3 2 1
☐	5 4 3 2 1
☐	5 4 3 2 1

学生時代

	深度の目安
☐	5 4 3 2 1
☐	5 4 3 2 1
☐	5 4 3 2 1
☐	5 4 3 2 1
☐	5 4 3 2 1

自分・家族

趣味・サークル関係

	深度の目安
☐	5 4 3 2 1
☐	5 4 3 2 1
☐	5 4 3 2 1
☐	5 4 3 2 1
☐	5 4 3 2 1

兄弟・親類関係

	深度の目安
☐	5 4 3 2 1
☐	5 4 3 2 1
☐	5 4 3 2 1
☐	5 4 3 2 1
☐	5 4 3 2 1

その他

	深度の目安
☐	5 4 3 2 1
☐	5 4 3 2 1
☐	5 4 3 2 1
☐	5 4 3 2 1
☐	5 4 3 2 1

蓄財・仕事関係

	深度の目安
☐	5 4 3 2 1
☐	5 4 3 2 1
☐	5 4 3 2 1
☐	5 4 3 2 1
☐	5 4 3 2 1

バランスの概念

成功の本質とはバランスです。どれほど富を手にしようとも、人格の完成をめざしたバランスの取れた人生の実現が真の成功です。そこで、まずはあなた自身のバランスを明らかにし、そこから各分野における目標をバランスよく設定していきましょう。

自分が望むものには □ にチェックを、満たされているものは ■ にチェックを入れてください。また、具体的に考えていることや思いついたことがあれば（　）にその内容を記入してください。

健康・体力分野に関するチェック（生存の欲求）

□ ■ 体力を維持していく必要があるか
➡その具体的内容は（　　　　　　　　　　　　　　）

□ ■ 体力をさらに増強する必要があるか
➡その具体的内容は（　　　　　　　　　　　　　　）

□ ■ 毎日の健康管理に特に注意する必要があるか
➡その具体的内容は（　　　　　　　　　　　　　　）

□ ■ 自分の持病を管理（克服）する必要があるか
➡その具体的内容は（　　　　　　　　　　　　　　）

□ ■ 毎日運動を続ける必要があるか
➡その具体的内容は（　　　　　　　　　　　　　　）

□ ■ 健康管理に関するアドバイザーをつくる必要があるか
➡その具体的内容は（　　　　　　　　　　　　　　）

□ ■ いざという時に即対応してくれる医者を見つけておく必要があるか
➡その具体的内容は（　　　　　　　　　　　　　　）

人間関係分野に関するチェック（愛・所属の欲求）

□ ■ 色々な分野の人との人脈をつくる必要があるか

➡その具体的内容は（ ）

□ ■ 資金的援助をしてくれる人を確保しておく必要があるか

➡その具体的内容は（ ）

□ ■ 遊び相手を確保しておく必要があるか

➡その具体的内容は（ ）

□ ■ さまざまな問題の相談相手となってくれる人を確保しておく必要があるか

➡その具体的内容は（ ）

□ ■ なんらかのクラブやサークルに加入する必要があるか

➡その具体的内容は（ ）

□ ■ 目標達成のための〝パワーパートナー〟（真の協力者）をつくる必要はあるか

➡その具体的内容は（ ）

□ ■ 共通の目標をもった仲間をつくる必要があるか

➡その具体的内容は（ ）

家族・家庭分野に関するチェック（愛・所属の欲求）既婚者用

□ ■ 子どもあるいは親の扶養についてとくに考える必要があるか

➡その具体的内容は（　　　　　　　　　　　　　　　）

□ ■ 自分の計画に関して、家族の同意を得ておく必要があるか

➡その具体的内容は（　　　　　　　　　　　　　　　）

□ ■ 子どもの進級・進学問題について、特に配慮する必要があるか

➡その具体的内容は（　　　　　　　　　　　　　　　）

□ ■ マイホームを購入する必要があるか

➡その具体的内容は（　　　　　　　　　　　　　　　）

□ ■ 子どもが手を離れたあとの、夫婦２人での再出発について考慮しておく必要があるか

➡その具体的内容は（　　　　　　　　　　　　　　　）

□ ■ 配偶者に対して、特別に考えておかなければならないことがあるか

➡その具体的内容は（　　　　　　　　　　　　　　　）

□ ■ 家族とのクオリティタイムを今より増やす必要があるか

➡その具体的内容は（　　　　　　　　　　　　　　　）

家族・家庭分野に関するチェック（愛・所属の欲求）独身者用

□ ■ 親の扶養についてとくに考える必要があるか

➡その具体的内容（　　　　　　　　　　　　　　　）

□ ■ 自分の計画に関して、家族の同意を得ておく必要があるか

➡その具体的内容は（　　　　　　　　　　　　　　）

□ ■ マイホームを購入する必要があるか

➡その具体的内容は（　　　　　　　　　　　　　　）

□ ■ 恋人または婚約者に対して、
特別に考えておかなければならないことがあるか

➡その具体的内容は（　　　　　　　　　　　　　　）

□ ■ 家族とのクオリティタイムを現在より増やす必要があるか

➡その具体的内容は（　　　　　　　　　　　　　　）

□ ■ 結婚相手など生涯のパートナーを見つける必要があるか

➡その具体的内容は（　　　　　　　　　　　　　　）

□ ■ 結婚資金を用意する必要はあるか

➡その具体的内容は（　　　　　　　　　　　　　　）

仕事・職業分野に関するチェック(力の欲求)

□ ■ 職業や職種を変更する必要があるか

➡その具体的内容は（　　　　　　　　　　　　　　　　　　）

□ ■ 新しい専門性を開発する必要があるか

➡その具体的内容は（　　　　　　　　　　　　　　　　　　）

□ ■ いまの専門性をさらに充実させる必要があるか

➡その具体的内容は（　　　　　　　　　　　　　　　　　　）

□ ■ 地位の向上が必要か

➡その具体的内容は（　　　　　　　　　　　　　　　　　　）

□ ■ 仕事上の実績を一段と向上させる必要があるか

➡その具体的内容は（　　　　　　　　　　　　　　　　　　）

□ ■ 独立・開業の必要があるか

➡その具体的内容は（　　　　　　　　　　　　　　　　　　）

□ ■ 仕事上のパワーパートナーをもつ必要があるか。
または社内の人間関係をうまくつくる必要はあるか

➡その具体的内容は（　　　　　　　　　　　　　　　　　　）

能力開発分野に関するチェック（力の欲求）

□ ■ いまの職務に関連した分野、または自分の専門分野において、能力開発をする必要があるか

➡その具体的内容は（　　　　　　　　　　　　　　　　　）

□ ■ いまの職務以外の分野、または自分の周辺分野で、能力開発をする必要があるか

➡その具体的内容は（　　　　　　　　　　　　　　　　　）

□ ■ 教養を高めるような能力開発をする必要があるか

➡その具体的内容は（　　　　　　　　　　　　　　　　　）

□ ■ なんらかの資格を取得する必要があるか

➡その具体的内容は（　　　　　　　　　　　　　　　　　）

□ ■ 自分の短所・欠点を克服するために、特別な能力開発、訓練をする必要があるか

➡その具体的内容は（　　　　　　　　　　　　　　　　　）

□ ■ 能力開発のために、体系立った読書計画をもつ必要があるか

➡その具体的内容は（　　　　　　　　　　　　　　　　　）

□ ■ 能力開発上のパワーパートナーをもつ必要があるか

➡その具体的内容は（　　　　　　　　　　　　　　　　　）

蓄財・経済分野に関するチェック（自由の欲求）

□ ■ 生活費の確保について考慮しておく必要があるか

➡その具体的内容は（　　　　　　　　　　　　　　　　　　　　　　）

□ ■ 各種資金を準備しておく必要があるか

➡その具体的内容は（　　　　　　　　　　　　　　　　　　　　　　）

□ ■ 貯蓄をする必要があるか

➡その具体的内容は（　　　　　　　　　　　　　　　　　　　　　　）

□ ■ 借金をする必要（可能性）があるか

➡その具体的内容は（　　　　　　　　　　　　　　　　　　　　　　）

□ ■ ローンの返済をきちんと計画化しておく必要があるか

➡その具体的内容は（　　　　　　　　　　　　　　　　　　　　　　）

□ ■ 収入の安定ということについて、特別に考慮しておく必要があるか。また副収入源をもつ必要があるか

➡その具体的内容は（　　　　　　　　　　　　　　　　　　　　　　）

□ ■ なんらかのアルバイトをする必要があるか

➡その具体的内容は（　　　　　　　　　　　　　　　　　　　　　　）

趣味・教養分野に関するチェック（楽しみの欲求）

□ ■ いまの趣味・特技を職業化する必要があるか

➡その具体的内容は（　　　　　　　　　　　　　　）

□ ■ いまの趣味をより深く極める必要があるか

➡その具体的内容は（　　　　　　　　　　　　　　）

□ ■ 趣味の幅を広げる必要があるか

➡その具体的内容は（　　　　　　　　　　　　　　）

□ ■ 何か１つでもスポーツをマスターする必要があるか

➡その具体的内容は（　　　　　　　　　　　　　　）

□ ■ 何か１つでも文化的趣味を確保する必要があるか

➡その具体的内容は（　　　　　　　　　　　　　　）

□ ■ 自分の余暇時間を確保する必要があるか

➡その具体的内容は（　　　　　　　　　　　　　　）

□ ■ 趣味を共にする人生のパートナーをつくる必要があるか

➡その具体的内容は（　　　　　　　　　　　　　　）

７つの分野の項目それぞれについて「自分の望むもの」のチェック数と「満たされているもの」のチェック数をそれぞれ次の図に記入して、７角形を作成してください。

アチーブメントバランスの概念

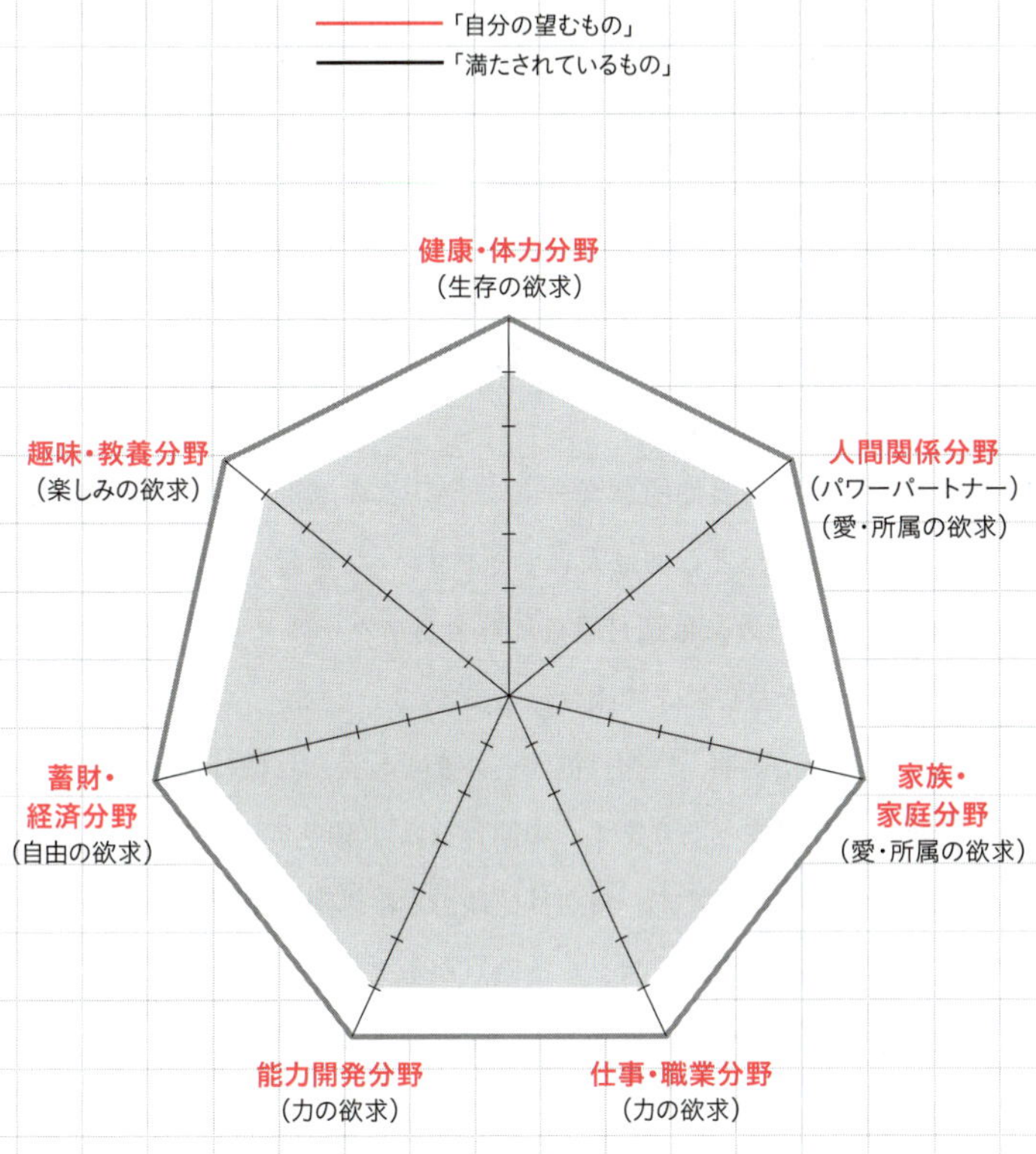

戦略的な目標設定

ここまで人生理念、ビジョンを明確にし、自分の資源・役割・パワーパートナーを客観的に分析してきました。いよいよ目標を設定するときです。

目標を設定するときには２つのアプローチがあります。１つは自分はどうなりたいのか、人生における成功の状態、幸福感に満ちた状態を明確にイメージし、アチーブメントピラミッドに沿って、長期、中期、短期の目標を設定していく方法です。ゴールを設定して、段階的に日々の実践すべきことにまで落とし込みます。

先の例であれば、長期的なゴールに「MBAの取得」を置いてもかまいませんが、短期目標としては大きすぎます。「２年間で日常英会話をマスターする。そのために毎週月曜日に英会話スクールに通うことから始める」という小さな目標にまで細分化します。

目標には長期、中期、短期目標があります。長期目標は最終的なゴールで、５年以上が目安となります。中期目標は、現時点と最終目標とを結ぶ目標で１年～５年未満です。短期目標は、１年以内の目標と分類できます。

もう１つの目標設定は、スタート時点から「今、何を最優先で実行すべきか」を考えて、達成した延長線上に中期、長期目標へと大きく膨らませていく方法です。

ここでは両方のアプローチを取ります。自分の現在地から人生の目的に向かって、また人生の目的から現在へ遡って、基本的欲求それぞれを満たす分野で目標を整理します。

最後によい目標のポイントも示しておきます。これらを踏まえて、目標を書き込んでみましょう。

よい目標の8項目

1. ほんとうにそれを望んでいること
2. 長期目標と短期目標に一貫性があり、大きな目的につながっていること
3. 社会正義に反していないこと
4. 達成すべきことを具体的に述べ、すぐに行動に移せること
5. 定量化できる目標にすること
6. 肯定的なものであること
7. 自分のレベルに合っており、現実的でかつ挑戦できること
8. 期限を切ること

目標の構造化シート

わたし（　　　　　　　　　　）の目標　　年　　月　　日作成

現状分析

欲求	分野	短期目標（1年以内）	中期目標（1年〜5年未満）	長期目標（5年以上）
生存の欲求	健康・体力分野			
愛・所属の欲求	人間関係分野（パートナー）			
	家族・家庭分野			
力の欲求	仕事・職業分野			
	能力開発分野			
自由の欲求	蓄財・経済分野			
楽しみの欲求	趣味・教養分野			

わたしの目的

現在の改善テーマは［　　　　　　　　］です

わたしの人生の目的は［　　　　　　　　］です

← 記入例　P129

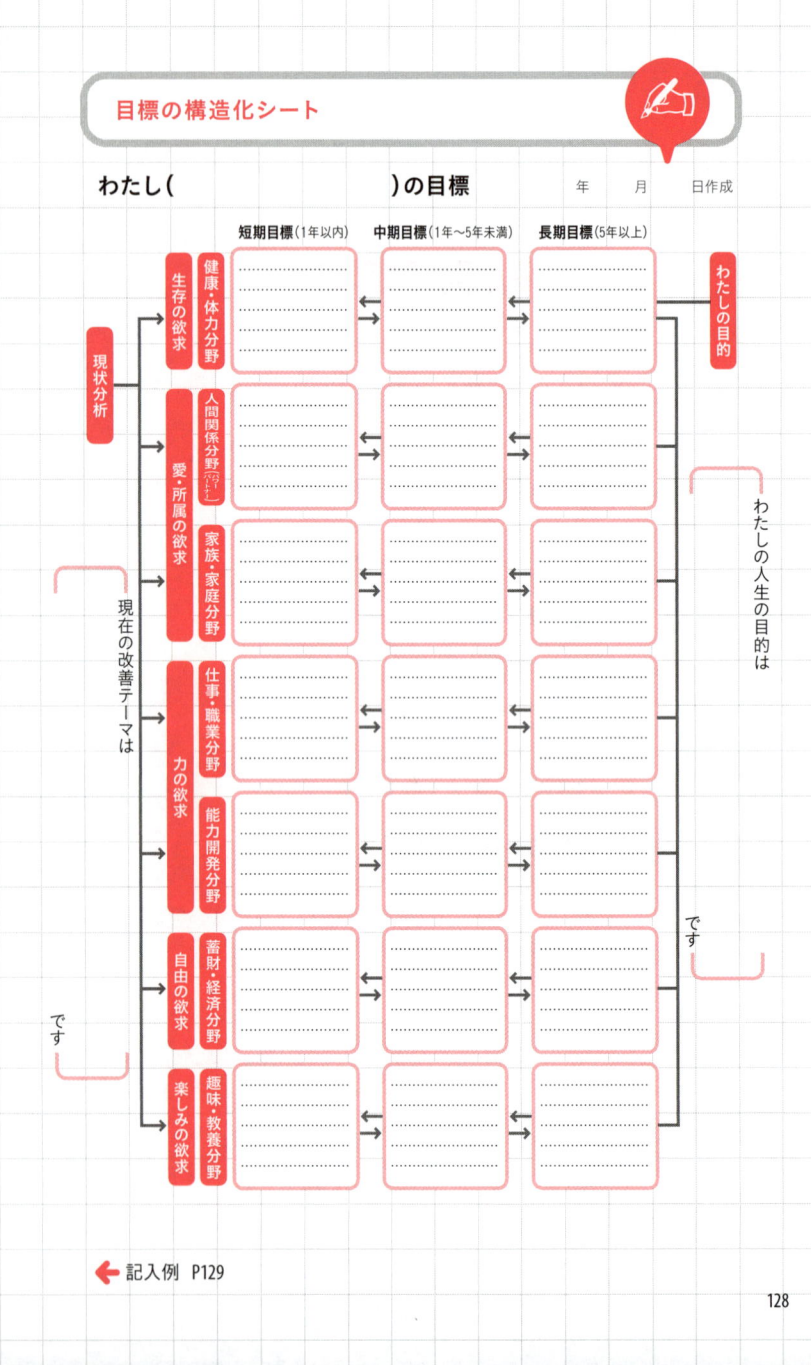

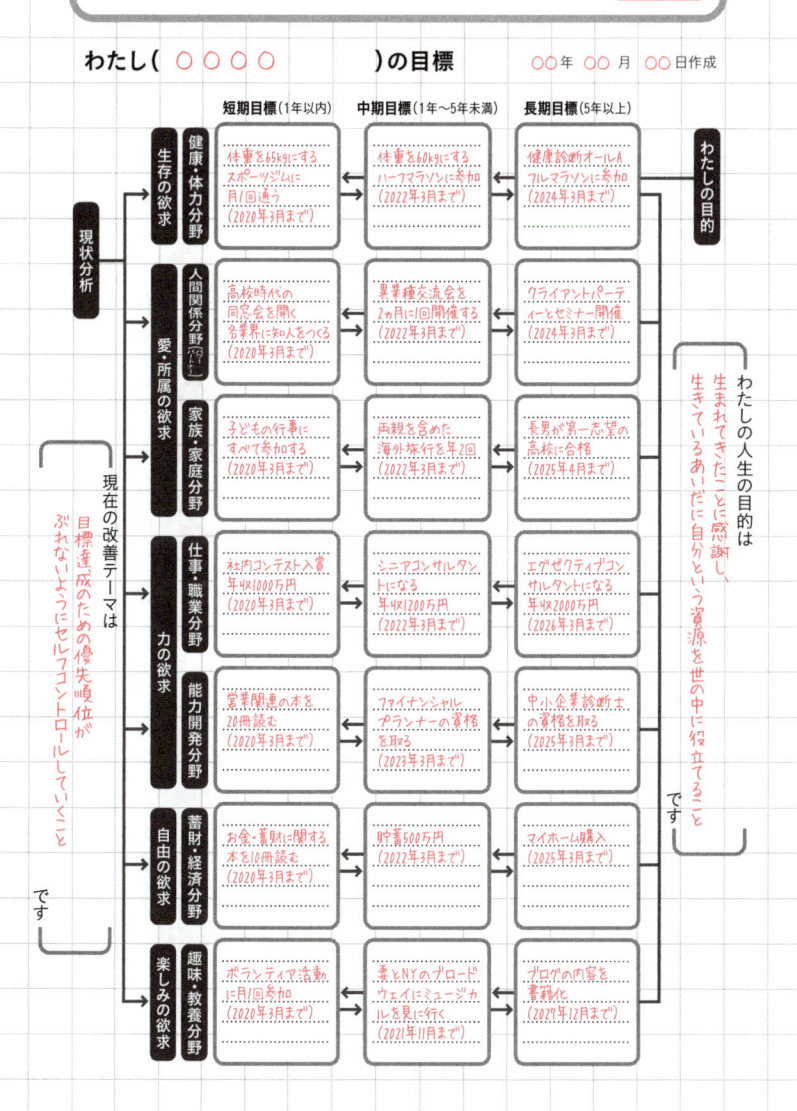

目標の構造化シート　記入例

わたし(　○○○○　)の目標　　○○年　○○月　○○日作成

現状分析

欲求	分野	**短期目標**(1年以内)	**中期目標**(1年〜5年未満)	**長期目標**(5年以上)
生存の欲求	健康・体力分野	体重を65kgにする スポーツジムに月1回通う (2020年3月まで)	体重を60kgにする ハーフマラソンに参加 (2022年3月まで)	健康診断オールA フルマラソンに参加 (2024年3月まで)
愛・所属の欲求	人間関係分野(パートナー)	高校時代の同窓会を開く 各業界に知人をつくる (2020年3月まで)	異業種交流会を2カ月に1回開催する (2022年3月まで)	クライアントパーティーとセミナー開催 (2024年3月まで)
愛・所属の欲求	家族・家庭分野	子どもの行事にすべて参加する (2020年3月まで)	両親を含めた海外旅行を年2回 (2022年3月まで)	長男が第一志望の高校に合格 (2025年4月まで)
力の欲求	仕事・職業分野	社内コンテスト入賞 年収1000万円 (2020年3月まで)	シニアコンサルタントになる 年収1200万円 (2022年3月まで)	エグゼクティブコンサルタントになる 年収2000万円 (2026年3月まで)
力の欲求	能力開発分野	営業関連の本を20冊読む (2020年3月まで)	ファイナンシャルプランナーの資格を取る (2023年3月まで)	中小企業診断士の資格を取る (2025年3月まで)
自由の欲求	蓄財・経済分野	お金・蓄財に関する本を10冊読む (2020年3月まで)	貯蓄500万円 (2022年3月まで)	マイホーム購入 (2025年3月まで)
楽しみの欲求	趣味・教養分野	ボランティア活動に月1回参加 (2020年3月まで)	妻とNYのブロードウェイにミュージカルを見に行く (2021年11月まで)	ブログの内容を書籍化 (2027年12月まで)

わたしの目的

現在の改善テーマは［目標達成のための優先順位がぶれないようにセルフコントロールしていくこと］です

わたしの人生の目的は［生まれてきたことに感謝し、生きているあいだに自分という資源を世の中に役立てること］です

よい計画の10項目

自分の願望を書き出しました。次に現状分析をおこない、理想と現実のギャップを見据え、克服すべき問題点や課題を鮮明にしました。そして、具体的かつ期限を限定した目標を設定しました。

いよいよ、優先順位をつけて実行プランを時間軸に落としていきます。達成計画の立案です。

計画を絵に描いた餅にしないために、実現しやすい計画のポイントを押さえておきましょう。計画の立て方にも秘訣があります。

❶ アチーブメントゾーンに入っている
❷ 自分の管理下にある
❸ プロセスを確認できる
❹ 即、取り組める
❺ 長期計画と短期計画に一貫性がある
❻ 習慣、習性となるもので、繰り返すもの
❼ 到達点に焦点を合わせず、プロセスに焦点を合わせている
❽ 何かを「やめる」プランではなく、何かを「する」プランである
❾ 社会正義に反しない
❿ 基本的欲求と願望を満たす

よい計画
1

アチーブメントゾーンに入っている

計画とは、「何を（WHAT）」「いつまでに（WHEN）」「どこで（WHERE）」「誰を協力者として（WHO）」「どのように（HOW）」「どのくらいで（HOW MUCH）」「なぜ（WHY）」達成するのかを明確にしたロードマップです。すなわち、計画の実行とは、設定した目標の毎回の達成を意味します。

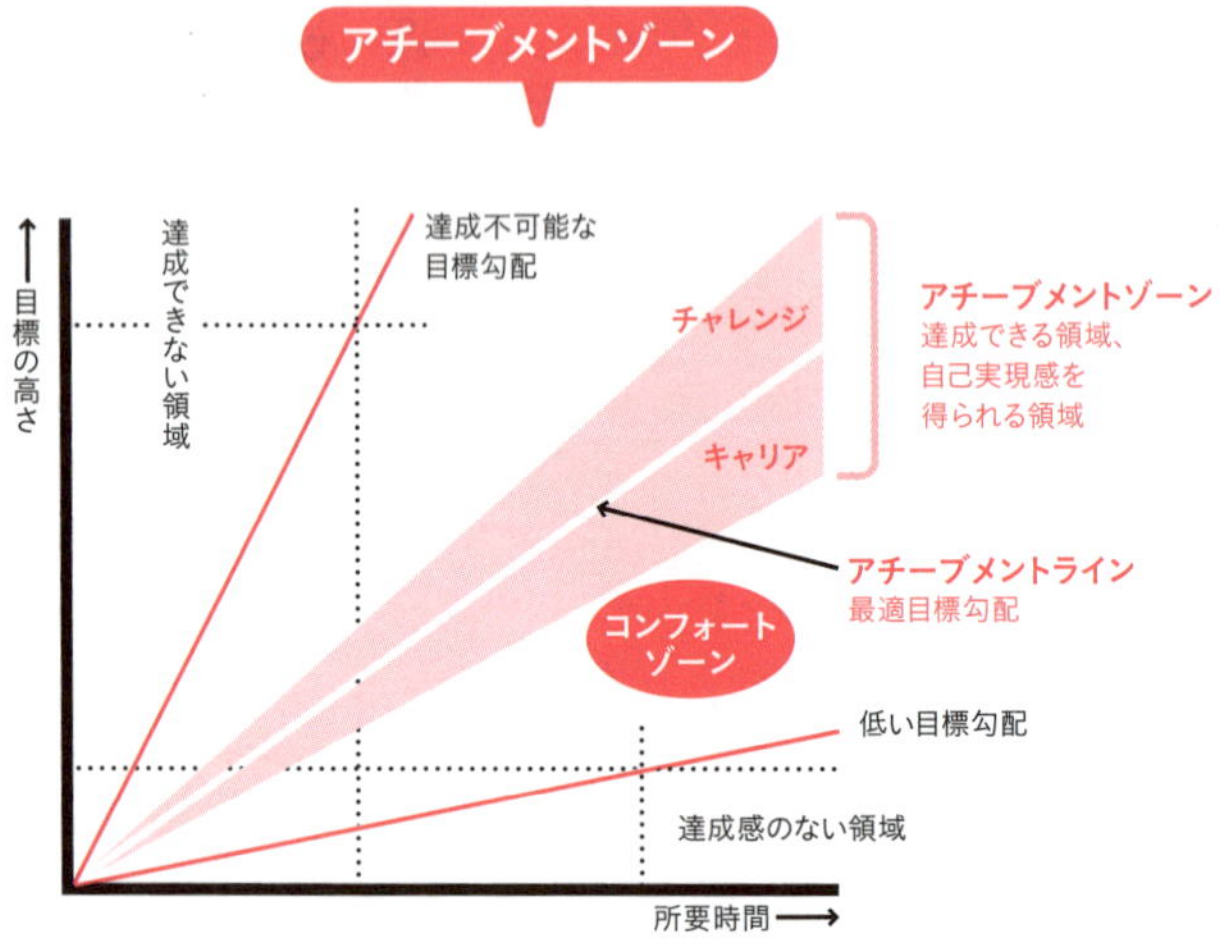

失敗する計画は大きく2タイプに分かれます。

1つ目は高すぎる目標を設定してしまうパターンです。縦軸に目標の高さ、横軸に時間を設定したときに、自分の力量や割ける時間を甘く見積もり、達成できない目標を立ててしまいます。

営業成績の悪いセールスマンが「トップセールスになる!」と決意しても、スキルやマーケットはすぐには上がりません。目標には達成できる領域（アチーブメントゾーン）があることを知らないと、いくら意欲的な計画を立てても途中で挫折してしまいます。

もう1つは自信がないため、あまりにも簡単に達成できる目標を立ててしまい、達成感を得られずに続かなくなってしまうパターンです。

最適な計画は、達成可能で自己実現感が得られる領域であるアチーブメントゾーン内の中間にある**アチーブメントライン（最適目標勾配）**に設定されます。

アチーブメントラインより下のゾーンをキャリアゾーン、上のゾーンをチャレンジゾーンと言います。この範囲内であれば、実践によって能力が開発されます。最低でもキャリアゾーンにある目標を達成しましょう。

キャリアゾーンより下はコンフォートゾーンと言い、ラクに達成できる領域です。達成しても満足感がなく、すぐに面白くなくなってしまうでしょう。

目標を設定し、達成したらもう少しレベルの高い次の目標にチャレンジする。目標達成を繰り返すうちに、達成できる領域はどんどん広がっていきます。さらにそれが広がれば広がるほど、大きな自信と強い信念がもてるようになっていきます。達成できない領域や達成感のない領域で計画を立てていないか考慮してください。難しすぎず、やさしすぎない領域での計画を立てましょう。

よい計画
2

自分の管理下にある

あなたが管理できる範囲で目標を設定し、計画を立てましょう。たとえば「今年中に年収を25%上げる」と目標を設定しても、給与額を決めるのは会社です。あなたの管理下にはありません。

しかし、目標とする年収を稼いでいる上司や先輩がどの程度の成果を毎年上げているのかを知り、それ以上の売上をつくる行動計画は立てられます。

あなたの計画は、あなたの責任で実行され、達成されるべきものなのです。必然的に自分がコントロールできる領域まで絞って計画を立てるか、自分のコントロール能力を高める計画を立てるかのどちらかになります。

よい計画 3

プロセスを確認できる

目標達成に集中すると、達成できたかできなかったかという結果ばかりに焦点が当たります。しかし、成長があるからこそ結果も伴います。

グラフ化したり、表に経過を記録したりして、成長のプロセスを把握できるようにしましょう。すると、毎日の積み重ねが力となり、達成に向けて前に進んでいることがわかります。安心して自信をもって実行に邁進できます。この繰り返しで、計画も進んでいくのです。

よい計画 4

即、取り組める

計画とは未来の出来事を管理することですから、未知の体験です。慎重になりすぎて、あれこれと計画を練るだけで、肝心の行動によって状況を変えるということを疎かにしてしまう人がいます。また、計画を立てただけで満足してしまう人もたくさんいます。

「○○を意識して取り組んでいこう」と、意欲目標を立ててしまいがちです。計画の実行責任はすべてあなたが負っていることを忘れないでください。

具体的に何をするのか、何ができるようになれば「○○を意識した」ことにな

るのか。意識を高めるのは、達成したい何かがあるからです。それを手にするために、毎日の行動を積み重ねなければ高い意識は身につかず、目標も達成できません。

今すぐに実行できる計画を立てましょう。行動をしてみると思いのほか状況は好転していきます。達成できるかどうかがわからないから、計画しないのではなく、現時点で自分に実行できそうな小さな目標から、まずは達成計画を立ててみましょう。

よい計画
5

長期計画と短期計画に一貫性がある

アチーブメントピラミッドに従って、人生理念からビジョン、長期・中期・短期の目標、毎月・毎週・毎日の目標まで一貫しているものが計画です。

計画を立てると途端にしなければならないことが出てきます。それらはすべてあなたの人生の目的を遂げるためのプランなのです。心と計画に一貫性があれば、実行のベクトル（方向）はつねに願望実現に向かっていきます。

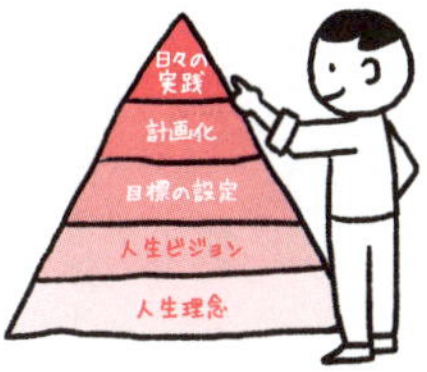

よい計画
6

習慣、習性となるもので、繰り返すもの

習慣形成こそ計画達成の秘訣です。大げさなものではなく、簡単に毎日繰り返せるようなものが望ましい計画です。

難しいものや高い意識が必要なものは続きません。願望は強い、意思は弱い。だから目標達成を習慣にしてしまいましょう。習性となるまで繰り返すような計画を立てると、目標達成型の思考と行動習慣を身につけやすくなります。

よい計画 7

到達点に焦点を合わせず、プロセスに焦点を合わせている

結果中心の計画は曖昧で実行力不全になります。下記に結果（目標）中心の計画と過程中心の計画を挙げます。どちらが具体的で実行可能でしょうか？　参考にしてください。

過程中心と結果中心の計画

過程中心の計画	結果(目標)中心の計画
❶ 配偶者に毎日3回感謝を伝える	❶ 配偶者と仲良くなる
❷ 朝20分間早足で散歩する	❷ うつ状態を克服する
❸ 毎日新しい人に1人は会う	❸ 新しい友人をつくる
❹ 今週3回ボーリングをする	❹ ボーリングの得点を10点上げる
❺ 朝食にドーナツではなくシリアルを食べる	❺ 10キロ減量する
❻ 毎月末の会合に出席し、一度はボランティアをする	❻ グループに受け入れられる
❼ 毎日友人1人に電話をかける	❼ 電話で友人と話す
❽ 毎月有給休暇を1日とる	❽ 休暇をとってリラックスする

よい計画 8

何かを「やめる」プランではなく、何かを「する」プランである

マイナス発想・思考から生まれるプランは継続しません。「創り出す」「建設的に進めていく」計画を立てましょう。たとえば「禁酒する」ではなく「お酒を飲まない健康志向の友人と毎日語らいの時間をつくる」というものにすべきです。

2人の男性が、健康のためにタバコをやめたいと思っています。両者とも1日に60本以上吸うヘビースモーカーです。独りで決意してもなかなかやめられないので、競争することになりました。

まずAさんは、我慢しようと思いながらも吸ってしまうたびに、〝吸った本

数〟を表に書き込んでいきました。これに対してBさんは、タバコを吸いたいと思っても我慢して〝吸わなかった本数〟を表に書き込んでいきました。そして、2週間ごとに本数を比較したのです。

すると、AさんよりもBさんのほうが、明らかに吸う本数が減ったのです。

Aさんは、「また吸ってしまった」という自責の念を抱えながら、吸った本数を記録していました。つまり、マイナスの動機付けです。

一方、Bさんは「やったぞ、また我慢できたぞ！」と達成感を味わいながら、吸わなかった本数を記録していきました。表の数が増えるのを見ながら、「がんばっているぞ」と自分を鼓舞していたのです。

会社の仕事に当てはめて考えてみると、経費の無駄使いを防ぐときは、使った金額だけを記入していくのではなく、「タクシーに乗るつもりだったがバスにした」「ひと駅だから歩いた」など理由とその差額も記録していくのです。結果的に、差額分だけ節約できたことが視覚化されます。

また、営業の訪問や商談のアポイントは、断られた件数を意識しがちですが、取れた件数だけを記録していきましょう。もし断られても「次は取れる！」と次の相手に期待して電話をすることです。

100社に断られても、101社目に大きな商談の可能性が待っている。いつも「できる、できる」「できた、できた」と自分を励ましていくのです。何かを「やめる」計画より、何かを「する」計画のほうが達成感が得られて続きます。

よい結果を期待し、できたことだけを記録して見直していけば、やる気も湧いてきます。

よい計画 9

社会正義に反しない

真の成功は自分にとっても周りにとってもよいものです。社会正義に反しません。社会に貢献する目標でなければ真に達成する価値のあるものではないのです。たとえば誰かを犠牲にしてビジネスで成功したとしても、恨みを買ったり、成功した先に胸《きょう》襟《きん》を開けるような友がいなければ、真の成功とは言えません。

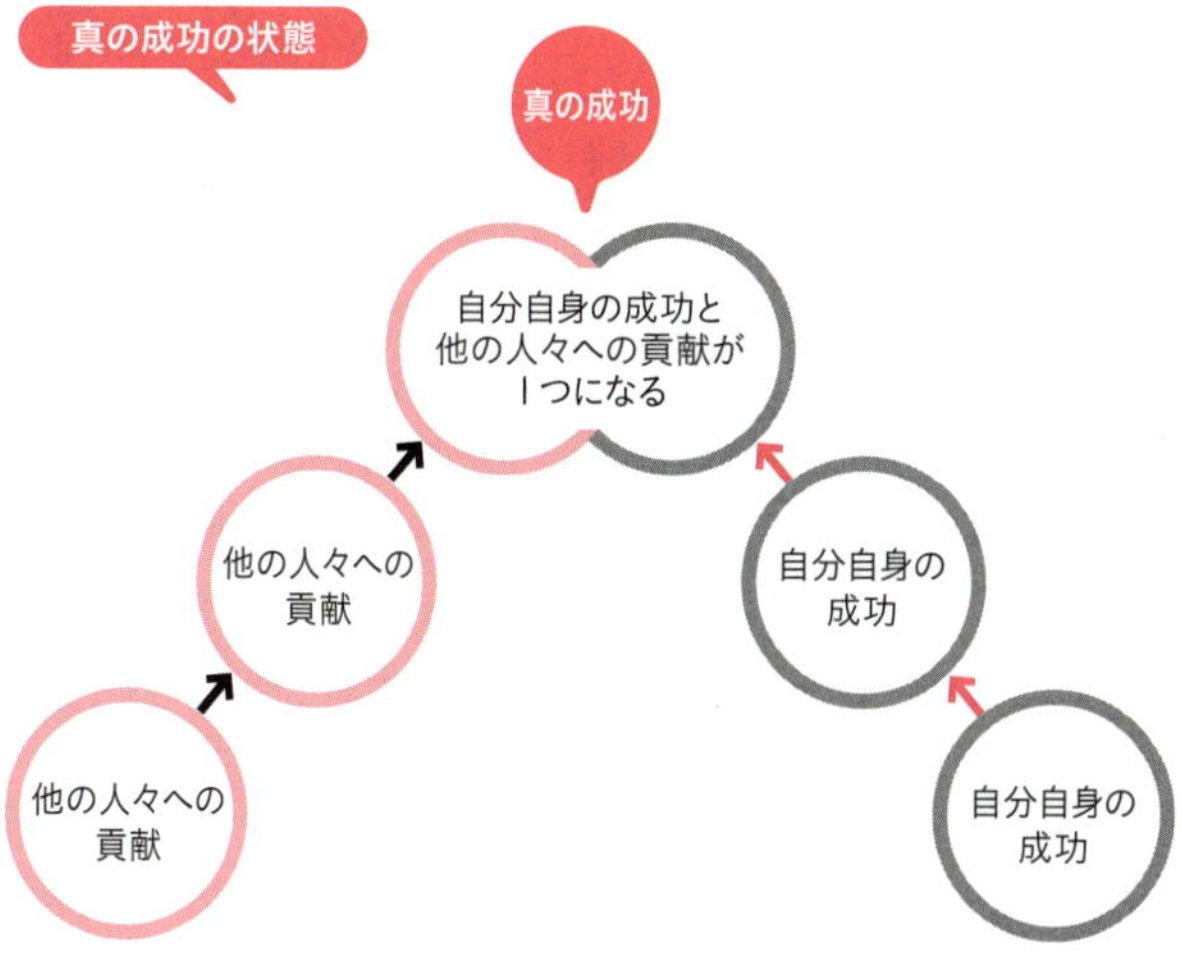

成功は自分はもちろん、周りの人々も幸せにします。具体的にどのような状態を指すのでしょうか？

「選択理論心理学」では、行動の判断基準として3つのRを提唱しています。

1 正しさ、正義＝Right

社会正義に反する生き方に成功は存在しません。人は誰でも正しさの基準をもって生きていますが、それが狂っていたら、真の成功や幸せは望めません。

たとえば、癒着や賄賂などは、どんな大義名分掲げようとも決して正当化されません。私利私欲が優先された行動は、社会的な無責任さの表れです。倫理観が欠如しています。「自分一人くらいなら……」「ほかの人にわからなければいい……」という自己中心的な考えを人生から排除すべきです。

2 責任＝Responsibility

自分の欲求を満たすときに、他人の欲求充足を妨げてはいけません。自分を肯定するために他者を否定したり、責任をなすりつけるのではなく、現実を直視し、すべて自分が選択した結果だと責任感のある言動をしましょう。

3 現実＝Reality

夢想に生きているかぎり求めているものは手に入りません。たとえば、「ダイエットをしてやせたい」と言いつつ、スイーツをやめられない。質の悪い仕事をしていながら、報酬を高く望む。代償を払わずに報酬を得ようとしても決して願望は実現しません。

金の卵とその卵を生むガチョウの物語がありますが、現実世界では自分が金の卵を生むガチョウになる以外、成功する方法はないのです。

誰でも現実と理想のギャップに悩み、苦しみます。願望と現実を一致させるために何が必要なのかを冷静に見極め、日々向上心をもって成長する以外に乗り越えるすべはありません。

報酬とは自分の生み出す価値に対して神から与えられる祝福です。「与えてから与えられる」。これが現実の世界、自然界のルールです。

成功とは、社会正義に反することなく、他の人々の基本的欲求充足の手助けをしながら、自己の定めた目的・目標を自らの意志で達成していく道程のことです。

物心共に豊かな人生を実現したければ、どれだけ多くの人を豊かにできたかを指標にしてください。あらゆる商品、あらゆるサービスは、人々の必要を満たすためのものです。より多くの人々の必要を満たすことは何かをつねに考えましょう。そして、そのために何ができるのかを考えてみましょう。

成功とは、探し求めた目標の満足いく達成である。

——ノア・ウェブスター

社員を部下を家族を物心共に豊かにするために、毎朝、目的・目標を本人に確認してもらい、会社と自分の未来を重ね合わせてもらうのです。

小金を貯めて自分だけが悠々自適に海外生活を満喫している経営者もいます。社員や顧客とともに生きることが幸せだと思えなければ、まだまだ経営者として能力開発が必要です。真の成功は、自分自身の成功と他の人々への貢献がひとつになるところにあります。

なぜ、あなたは成功しなければならないのでしょう。その理由を5つ書き出してみてください。

なぜ、あなたは成功しなければならないのでしょうか？
その理由を5つ挙げてください

1.

2.

3.

4.

5.

よい計画
10

基本的欲求と願望を満たす

基本的欲求は私たちのエンジンです。基本的欲求が満たされるからこそ、私たちは行動しようという気になります。毎朝目的目標を確認し、その日1日やるべきことを考え、基本的欲求を満たせるように計画を立てましょう。5つの基本的欲求と願望を満たす計画が継続のコツです。

以上がよい計画の10項目です。これらに目標を照らし合わせて見直したうえで、中長期と年間の行動計画を立ててみましょう。

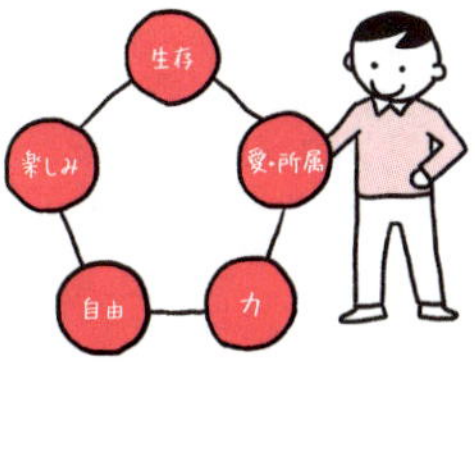

中・長期の最重点目標

中・長期の目標			
1		4	
2		5	
3		6	

	年	年	年	年	年	年	達成による成果のイメージ

中・長期行動計画表

年　　　月　　　日作成

行動計画	成否のポイント	年	年	年	年	

← 記入例　P154-155

中・長期の最重点目標
向こう10年で名実共に業界トップ1%のプロフェッショナル生保営業に!

中・長期の目標			
1	プロの生保営業としての能力開発	4	妻のホビークラフトショップの開設
2	ファイナンシャルプランナーとしての国際ライセンス取得	5	健康・快適生活
3	3階建て住宅の新築	6	環境活動(環境クラブ設立) ホームページ開設

	2016 年	2017 年	2018 年	2019 年	2020 年	2021 年	達成による成果のイメージ
	34歳	35歳	36歳	37歳	38歳	39歳	
	32歳	33歳	34歳	35歳	36歳	37歳	
	8歳	9歳	10歳	11歳	12歳	13歳	
	契約150件	契約200件	契約200件	契約200件	契約200件	契約200件	プロセールスとして成功することにより心の平安と一切の経済的不安からの解放を得ている
	年収2500万円	年収2500万円	年収2500万円	年収2500万円	年収3000万円	年収3000万円	
	パワーパートナー5人	パワーパートナー5人	パワーパートナー5人	パワーパートナー5人	パワーパートナー5人	パワーパートナー5人	
	→ 合格	パワーパートナーと一緒に勉強会を開始	勉強会を継続 →	→	→	さらに自己啓発を継続する	プロの名にふさわしい能力を身につけることにより、充実感と自己実現感を得ている
	年に1回の旅行	年に1回の旅行	年に2回の旅行	年に2回の旅行	年に2回の旅行	年に2回の旅行	ただたんに経済的な結びつきだけではなく、愛情に恵まれた豊かな人間関係を得ている
	貯蓄+100万 住宅購入準備 物件探し その他準備	契約・支払い 住宅ローン借入 新築住宅着工	返済120万 竣工	返済120万	返済120万	返済120万	自分の城を持ち、そこで家族が暮らすのを見て心の平安を得ている 一切の経済的不安からの解放を得ている
	貯蓄+60万	貯蓄+60万	貯蓄+60万	貯蓄+100万	貯蓄+100万	貯蓄+100万	
	→ 海外旅行 →	→	→	→	→ 海外旅行	→	家庭生活の充実により、愛情に恵まれた人間関係の構築を得ている
	→ 体重60kgを維持	→ 体重60kgを維持	→ 体重60kgを維持	→ 体重60kgを維持	→ 体重60kgを維持	体重60kgを維持	よい体調を維持することにより、充実感と自己実現感を得ている 健康と豊かなエネルギーを得ている

記入例 中・長期行動計画表(セールスパーソンの一例)

年　　月　　日作成

行動計画	成否のポイント	2012年	2013年	2014年	2015年	
	(家族の年齢) 自分	30歳	31歳	32歳	33歳	
	妻	28歳	29歳	30歳	31歳	
	娘	4歳	5歳	6歳	7歳	
1. 生命保険のトップセールスとしての実績と基盤づくり	パワーパートナー理論の実践 ↓ 毎年パワーパートナーを5人ずつ増やし、顧客は自分の一生の財産にする	契約100件 年収1000万円 パワーパートナー5人	契約120件 年収1500万円 パワーパートナー5人	契約150件 年収2000万円 パワーパートナー5人	契約150件 年収2000万円 パワーパートナー5人	
2. プロの生保営業としての知識・技術を高める	能力開発を継続的におこなう プロの生保営業として必要な資格を取る (CFP国際ライセンス)		『頂点への道』講座再受講、各種セールストレーニングを受講	CFP受験		
3. パワーパートナーと共に真の成功を果たす	顧客には尽くす姿勢を忘れず 年に1回以上のイベント開催	年に1回のゴルフ大会	年に1回のゴルフ大会	年に3回のゴルフ大会	年に1回の旅行	
4. 3階建ての住宅を新築して、自分の両親と同居	蓄財(1000万、5年後) 後悔しない設計 健全な支払計画 (住宅関係)	残高500万 貯蓄+100万	貯蓄+100万	貯蓄+100万	貯蓄+100万	
	その他の資金も貯蓄する (その他蓄財)	貯蓄+60万	貯蓄+60万	貯蓄+60万	貯蓄+60万	
5. 家族一同快適に暮らす	長女のアトピー完治、 妻とのジョギング励行、 自分の時間管理	ジョギング励行 アトピー治療のために宮古島へ(夏休み)	海外旅行		長女 小学校入学	
6. 健康管理に取り組む	健康に関する基礎知識の習得 自分なりの健康法の確立	体重65kgへ減量 歯の治療開始	体重60kgへ減量 歯の治療完了	体重60kgを維持	体重60kgを維持	

今年の最重点目標

今年の目標			
1		4	
2		5	
3		6	

	月	月	月	月	月	月	月	達成による成果のイメージ

年間行動計画表

年　　月　　日作成

行動計画	成否のポイント	月	月	月	月	月	

← 記入例　P158-159

今年の最重点目標
能力開発を重点的におこない、 真のプロフェッショナルセールスパーソンに

今年の目標			
1	能力開発1 営業スキルの向上	4	ホームページ開設
2	能力開発2 スピーチ能力、プレゼン能力の向上	5	健康(ジョギング旅行)
3	CFP(国際ライセンス)受験	6	

	9月	10月	11月	12月	1月	2月	3月	達成による成果のイメージ
	契約○○件 売上○○万円 → → 新規マーケット強化	契約○○件 売上○○万円 コンテスト準備	契約○○件 売上○○万円 パワーパートナープランの推進 → 年末コンテスト	契約○○件 売上○○万円	契約○○件 売上○○万円 → 法人向けの来年度提案強化	契約○○件 売上○○万円	契約○○件 売上○○万円 年度末新年度対策関連	プロフェッショナルセールスパーソンとしての充実感と自己実現感を得ている
	→	ゴルフの会	年賀状作成 見直し	忘年会	ベースマーケットにコンテストのお礼 新年会			人間関係の悩みから解放され、すばらしい人的ネットワークを構築している
	→							プロとしての理想形を追うことにより、価値ある目的と理想に生きる人生を得ている
	継続的な治療 →				温泉			皆で取り組むことで愛情に恵まれた豊かな人間関係を得ている 娘の成長を見て、心の平安を得ている
	→	歯の治療 体重67kgに		歯の治療		歯の治療	体重66kgに	疲れを知らない強靭な肉体とバイタリティをキープすることで、心身ともに健康で活力がみなぎっている
	貯蓄 ○○万円 →	貯蓄 ○○万円	貯蓄 ○○万円	貯蓄 ○○万円	貯蓄 ○○万円	貯蓄 ○○万円	貯蓄 ○○万円	出費と貯蓄をコントロールすることによって、人生のライフデザインのもとに経済的基盤を確立している
	→	開設・運営			見直し			最新の情報を得ることにより、自己概念を高く保てる

記入例 年間行動計画表（セールスパーソンの一例）

年　　月　　日作成

行動計画	成否のポイント	4 月	5 月	6 月	7 月	8 月
1. 年収1000万円の達成	夏／年末のコンテスト入賞 週3件の契約を絶やさない パワーパートナーによる売り上げの上がる仕組みづくり	契約〇〇件 売上〇〇万円 顧客管理の仕組みづくり →	契約〇〇件 売上〇〇万円	契約〇〇件 売上〇〇万円 サマーコンテスト準備	契約〇〇件 売上〇〇万円 サマーコンテスト入賞	契約〇〇件 売上〇〇万円 ベースマーケット中心に
2. パワーパートナーへの貢献	顧客管理の仕組みづくりと実践	仕組みづくりと顧客データの整理 →		サマーコンテスト準備	仕組みづくりと顧客データの整理 →	ベースマーケットにコンテストのお礼
3. 営業スキルの向上・CFP受験（1年間の受験勉強を継続断行）	時間管理（ファイナンシャルプランニング、リスクマネジメントの勉強）	受験勉強 →				
4. 娘のアトピーの治療のため、家族で一致して取り組む	夏の宮古島（10日間） その他アトピーによい情報等を集める 継続的な治療	→				宮古島 →
5. 健康生活（ジョギングを季節に関係なく定期的に励行）	自己管理 歯の治療への継続的取り組み	ジョギング → 歯の治療 体重70kg（現在）		体重68kgに		歯の治療 体重68kgを維持
6. 新居新築のための資金づくり 年間100万円貯蓄	ファイナンシャルマネジメントシートを参考にして、お金の使い方にも優先順位をつける イベント（宮古島、歯の治療などの出費に対する先行管理）	貯蓄 〇〇万円	貯蓄 〇〇万円	貯蓄 〇〇万円 宮古島の資金〇〇万円 →	貯蓄 〇〇万円	貯蓄 〇〇万円
7. ホームページを開設する	ホームページ開設関連の情報を集める	情報収集 →				開設準備

日常生活・業務の水路化現象

計画を立てても、人はしたいことをつい優先させてしまう傾向があります。一度通った水路には次から次へと水が流れ込むように、目標達成よりそのときの気分を優先して行動するうちに、いつの間にかラクな方向へ流されてしまうことを「日常生活の水路化現象」と呼んでいます。

日常生活の水路化現象

□蓄財よりも、つい浪費をしてしまう

□摂生よりも不摂生になりがち
□早起きよりも、朝寝坊が好き
□勤勉よりも、怠惰な生活に流される
□自己開発に投資するよりも、娯楽が好き
□親孝行よりも、自分の遊びを優先してしまう
□成果の追求よりも、成果と関係ないことでもしたいことをつい優先する傾向がある

当てはまるほど自己満足な行動を優先してしまっています。成功するための唯一の方法は、目標を達成するために理性的で賢明な行動を繰り返すことです。

今までの思考の癖、行動習慣を目標達成に役立つよう変えるのには苦痛が伴うかもしれません。そこで仕組み化して水路化現象を防ぐのです。たとえば、我が家には洗面台の前に砂時計があります。すると、不思議なことに目の前の砂が落ち切るまで歯磨きをします。必ず3分間は続けられるのです。

次の項目はどうでしょうか？　当てはまるものはないかチェックしてみてください。

日常業務の水路化現象

□嫌いなことより、好きなことを先にする
□時間がかかることより、早くできることを先にする
□難しいことより、やさしいことを先にする
□はじめてのことより、慣れたことを先にする
□自発的なことより、命じられたことを先にする
□重要なことより、急ぐことを先にする
□予定したことより、飛び込んできた仕事から手をつける

人は目標達成に効果的な行動よりも、安易に達成感を味わえることから手をつけてしまいがちです。たとえば、セールスパーソンであれば、キーマンではなく

話しやすいクライアントのもとにばかり足を運び、商談をした気になっている。顧客リストの整理ばかりしていて、一向に電話がけをしない。営業活動の一環であったとしても、売上を上げるために効果的な行動ではありません。

目の前の雑務に流されたり、その場の気分を優先してしまうことは「日常業務の水路化現象」と言えます。本人にはさほど自覚がなく、忙しく仕事をしているつもりだから厄介です。

人生にはたくさんのどうでもいいことと数少ない大切なことがあります。この数少ないことを習慣化すれば成功できます。

水路化現象に陥らないためには、行動する前にきちんと計画を立てて、今日なすべきことの優先順位を明確にすることです。

第４章

目標達成できない人の思考

成功の⑩の障害

さて、目標を設定し、新しいスタートを切りました。どうですか？　達成に向かって一直線に進んでいますか？　これまでの生活習慣、さまざまな誘惑を乗り越えて、目標達成の1日を過ごしているでしょうか？

達成をめざすとき、10の障害が現れます。どれかに当てはまっていないか自己評価してみてください。

❶ セルフコントロールができない
❷ 自己概念が低い
❸ 欲求充足の方法がわかっていない
❹ 意思決定能力の不足
❺ 問題解決能力の不足
❻ パワーパートナーがいない
❼ 言い訳の癖
❽ 勉強不足
❾ エネルギー不足
❿ 怠惰・ルーズ

成功の障害
1

セルフコントロールができない

私たちは、過去の出来事からくる解釈によって未来の出来事に影響を与えています。たとえば、約束を破られたという出来事から、他人は信じられないと解釈するか、よい学びになったと解釈するかで、その後に起こる出来事が変わってきます。

感情管理ができない人は、物事を人のせいにする思考の癖になり、ストレスが溜まり、言葉も管理できないので、致命的な7つの習慣を使って、人間関係を悪化させます。

目標を明確にしても、人は思考があれこれと気移りしてしまい優先順位がつけられず、したいことに流されがちです。思考と行動を一致させられないと、健康、金銭、意識、時間など多岐にわたる要素を管理できず、目標達成も困難です。

こだわりがないとは、すなわち責任感がない、どうでもいいと思っているということです。あまりに厳格な人は嫌われますが、厳格ながら外的コントロールを使わずに他人と協調して達成を創り出していくのは技術です。

目標達成にはセルフコントロールが重要であることを知りましょう。

成功の障害 2

自己概念が低い

配偶者、趣味、友人――あなたの周りにはあなたの自己概念に合った人が集まっています。なぜなら、その人たちがあなたのことをどう思っているかで、あなたという人間が決まるからです。

人間は、自分が自分に思い描いている思い込みの中で脚本を書いて人生を歩んでいます。

ですから、「自分はこうなりたい」という理想の自己イメージ、現在の自我像、

そして、自分を根本からどれだけ愛しているかという自己愛、自尊心をつねに意

識しましょう。
すでに研磨されてキラキラと輝きを放っているダイヤモンドも、そうでない原石も、ダイヤモンドとして内在する価値は同じです。基本的には人間も、みな平等に同じ価値をもっています。

ただ、自分のことを磨けば光るダイヤモンドの原石だと考えて努力している人と、ただの石ころだと思っている人とでは、人生から得られるものが大きく違ってきます。

見通しがないとき、人は自分の世界で判断するようになります。売れないセールスパーソンはお客様のお金がないという反論に説得されてしまいますが、トップセールスは、それを解釈と捉えてニード喚起します。経費ではなく投資だと商品・サービスの必要性を訴えます。

すべてはイメージしだいなのです。ベニハナの社長で、世界で１００店舗以上の鉄板焼きチェーンを築いたロッキー青木さんは、年収が3億円以上だったそうですが、それで普通と思っていたそうです。現実を決定しているのは、その人の思考（解釈）です。

人生の目標を達成しようとするとき、限界がたった1つある。それは自分で定めた限界である。

——D・ウェイトリー

自己概念は自分の蓋となっています。自分を低く見ることは、成長を妨げます。マイナスの思い込みが制限的パラダイムをつくります。

現実を決定しているのはあなたの思考です。あなたには尊い価値があり、あなたの能力を開花させる、成長させる責任があるのです。

成功の障害 3

欲求充足の方法がわかっていない

人はそれぞれ自分の価値フィルターで物事を見ています。幸せとはなんでしょうか？　真の現実は？　その人の思考しだいです。どんな環境でも価値フィルターしだいで幸福になれるのです。

人はつねに欲求を満たそうと行動しています。酒、タバコ、不倫、賭博、時には麻薬といった非合法のものにまで手を出して、欲求不満を解消しようとします。欠けているものを埋めようとしても、得られるのは一時的な快楽だけです。

幸せなら家庭の外に愛を求めないでしょう。愛・所属の欲求は遺伝子に組み込まれているものです。家族を幸せにできれば幸せになります。今が幸せなら幸せな選択をするようになります。だから身近な家庭から大切にすべきなのです。

グラッサー博士は、**あらゆる不幸の源は不満足な人間関係に起因する**と述べています。もし、疲れて家に帰ってきたとき、玄関の靴が揃っていない、机が散らかってる。そんな状況を目の当たりにして毎日のようにガミガミと叱っていたらどうなるでしょう？

時には機嫌が悪くなってしまうときはあります。間違えることも人間だからあります。自分が間違えたと素直に家族に伝えましょう。

愛を土台に生きていて不幸な人はいません。愛から行動する人は貢献が喜びになります。半面、真面目な努力家ほど、完璧主義で人に対しても自分と同じ基準を求めがちです。「どうしてこうしないんだ！　絶対によくなるはずなのに！」と、自分のコントロール下にないことを問題として抱え込んで精神的に疲弊してしまう人もいます。

自分にも他人にも外的コントロールを使うのは一切やめましょう。部下の生産性を上げるには質問しましょう。質問力が上がれば自己評価が促されます。

自分自身に対しても同様です。**成功者は基本的欲求の満たし方を知っています。**自分が求めるものは何か？　今している行動はそれを得るために効果的か？　**自分がコントロールできるものだけに焦点を当てて、自己評価を繰り返しているのです。**自分がどういうときに欲求不満になりやすいのか、それを満たすための方法は何かを知っておきましょう。

成功の障害4

意思決定能力の不足

意思決定の基準は、**目的目標に対して効果的な選択かどうか**です。ですから、どんなときも成功者は目的・目標からブレません。

あるグローバルなＩＴ企業で人事部長をされていた人の話です。彼は、仕事で成果を上げていましたが、内心は義務感に追われていたと言います。

一方、ラーメン店を開いていた彼の弟は、毎日楽しそうに意欲的に働いている。あるとき、ラーメン店の仕事を手伝ったときに、これまで感じたことのないやりがいを味わったそうです。サラリーマンとしては組織の一部ですが、ラーメン店

は自分の城です。自分の責任ですべて切り盛りしなければならない。その後、共同経営者としてラーメン店の支援を始めました。

この違いを一言で表すと主体性の有無です。金銭的な報酬だけがモチベーションの源ではありません。自分の願望は何か？　それを満たす行動は何か？　今、効果的な意思決定ができていなかったとしても、これからの選択を変えればよいのです。

いまの人生はすべてあなたの責任で、あなたが選択したものです。もし、現状に不満があっても、反省するのは自分自身の選択です。他人のことを批判しそうになっても、どう解釈するかはあなたの責任です。自分の願望を明確にして、目標達成に効果的な行動を選び続けることで、あなたの人生は必ずよくなります。

成功の障害 5

問題解決能力の不足

困難にぶつかると、ただただ困惑するだけで、逃げ道ばかりを探してしまう。「どうやったら解決できるのか」を考えるのではなく「できない理由」を完璧なまでに理論武装する人がいます。何事にも否定的で消極的な人です。

困難にぶつかったときに、急いで解決することよりも、ほんとうに大切なことを大切にする選択を考えてみてください。南へ行きたければ、南へ向かうしかありません。効果の出ない行動を繰り返しても、目標達成に効果的ではありません。

- 外的コントロールで、人を変えようとする
- 賭け事で儲けて、物心共に豊かな人生を実現する
- 練習をしないで、一流のプレーヤーになる
- 立地の悪い所で、店舗ビジネスで成功する
- 高カロリー食品を食べて、気合いでダイエットする
- 見込客開拓をさぼって、セールスで成功する
- 原則から外れて成功を望む
- 同じメンバーでトレーニングをせずに高い生産性を実現する
- 勉強をしないで志望校に入る
- 浪費をしながら豊かな老後を送ろうとする
- 人の悪口を言いながら、よい人間関係をつくる

このような効果のない行動をしていませんか？　努力は尊いものですが、方向性をもった努力をすべきです。

成功者は自分一人ではすべてを解決できないことがわかっています。行動力に

自信があれば、プランニング能力の高い人間を近くに引き入れる。自分は営業が得意なら傍には経理に強い人間を置く。事前対応をすることです。

どうしたら事前対応できるのでしょうか？　毎朝、目標を見ることです。人間は脳の数パーセントしか使えていないと言われます。危機の状況に陥ったときに、潜在能力が引き出されると言いますが、人間の最大の能力が発揮されるのは理念に関わることに直面したときです。

ですから、目的から逆算された目標に集中しましょう。ほんとうに実現したいことは何か？　そのために、すべきことに時間を割きます。続けていれば問題解決力が上がって、リスクを考え、事前対応の手を打てるようになります。

成功の障害6

パワーパートナーがいない

小学生のころ、家に帰りたがらなかったわたしを、先生は音楽室に連れていってオルガンで「線路は続くよどこまでも」を弾いてくれました。あのメロディは心に刻まれています。転校した先の先生も、わたしが北海道に戻らなければならなくなったとき、涙を流しながら学校の思い出をアルバムにしてプレゼントしてくれました。

私たちは自分の力の欲求と愛・所属の欲求を満たしてくれる人を大切な存在として認めます。

人の力を借りる秘訣は本気で自分の目的に邁進することです。学び続け、相手の立場に立って、相手の望みを叶えること。愛とは相手の望みを叶えることです。相手のことを考えて行動することです。人の力を借りられる人間には、愛があります。

人は遺伝子に組み込まれた基本的欲求を満たそうとすると述べました。相手の欲求を満たすことが自分の欲求になったとき、理性ではなく心から人に尽くそうという状態になります。

根底にあるものはその人の人生理念です。目的目標志向で生きるとは、すなわち愛を伝えることでもあります。

身近な人間を大切に生きましょう。自分を支えるのは、周りの人間に対する感謝の思いです。損得で付き合っている人を誰も助けようとは思いません。たとえば能力の切り売りで何度も転職を繰り返す人もいます。しかし、それでは稼げても天井は低いものです。

他人を信じるレベル、尽くすレベルの基準を高めましょう。人が苦しいときこそ自分が支える。つねに貢献を第一に行動する。理念型の人間になることでパワーパートナーが現れます。

これまでなんとなくの成功イメージしか描かず、他人から言われたことを言われたままに続けてきた人もいるかもしれません。

自分の生きる目的を明確にしましょう。それを実現するために一貫性をもって歩みましょう。生きがいを感じられて、あなた自身も相手の力の欲求と愛・所属の欲求を満たせる人間になれるはずです。

成功の障害 7

言い訳の癖

世の中には〝言い訳が上手〟な人がたくさんいます。

誰でも自分を正当化しようとします。待ち合わせに遅れそうなとき、あなたの脳裏には何が浮かぶでしょうか？　素直に謝ろうという思いもあるでしょうが、なんとか言い訳を考えたことはないでしょうか。理由は単純で、立派な言い訳が

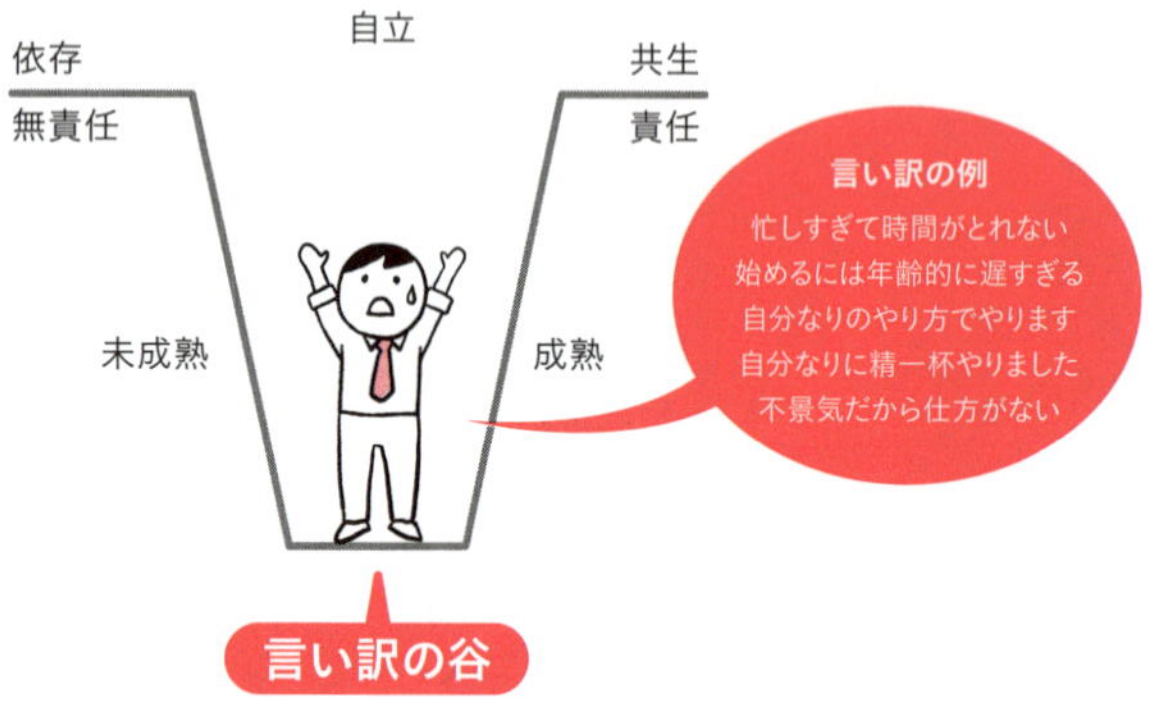

あれば、気後れしないからです。すなわち苦痛を味わわないですむのです。

人間は、子どものころから言い訳がまかりとおる環境に育ってしまうと、何事もごまかせると思うようになってしまいます。その延長線で、社会人になっても同じようなことをする。

また、そのときだけでなく、人生そのものに言い訳をしている人もたくさんいます。自分が成功できないのは、学歴がないからだとか、家が貧乏だからなどと、育った環境を言い訳に使うのです。

言い訳ばかりしていたら、そこには成長も飛躍もありません。言い訳は防御された嘘です。事実ではなく解釈なのです。自分の人生は自分にすべての責任があると思えば、言い訳はなくなります。

次に言い訳の例を挙げてみます。無意識のうちに使っているものはありませんか？

- 忙しすぎて時間がとれない
- 始めるには年齢的に遅すぎる
- 自分なりのやり方でやります
- わたしなりに精一杯やりました
- 不景気だから仕方がない

昔、気が弱くてアポイントの取れない部下がいました。ところが、辞めると言い始めた途端、「絶対辞めます」と言って聞かないのです。その意気で仕事をすれば、必ず成功するはずです。決めれば言い訳しなくなります。決めるとは、未来がそうなるという前提で動くことです。信念とも言えます。すると、どうすればできるかだけを考えて、実行することになります。

言い訳はほとんど物語《ストーリー》でしかありません。為すべきことを為さずに結論を出している人がたくさんいます。問題は行動してみれば解決するものです。

成功の障害 8

勉強不足

専門知識が欠如していると障害となります。自分が関わっている業界なのに、テレビのニュースに流れる程度の情報しか知らない。それでは自分の会社や仕事に対して自信がもてませんし、結果を出すことも困難です。アメリカの作家クロフォードは、次の言葉を残しています。「人は誰でも最高のアイデアを生み出す能力をもっている。しかし、それは訓練をしないと伸びない」。

最高の訓練は毎朝必ず目的・目標を見ること、そしてプロとして自分の専門分野において万全の知識をもつ努力をするのは当然です。

成功の障害 9

エネルギー不足

活力がなければ、力を十二分に発揮することはできず、目標達成にも邁進できません。成功するためには心身のエネルギーも必要なのです。

毎日をベストコンディションで送るために、どうするべきかはわかっているのに、好きなことをして夜更かしする、偏った食生活を送る、運動をしないという人がいます。これでは健康すら損ないます。

身体は健康でも、精神的な疲労感からエネルギー不足の人もいます。仕事を

嫌々している人は、その仕事を好きになることができないばかりか、気分的にも落ち込んでしまいます。

なぜエネルギー不足になるかというと、願望が曖昧だからです。目的・目標が曖昧だと健康を管理しようという熱意も生まれないでしょう。

人の一生の違いは求めているものの違いです。願望を明確にして、活力に満ちた人生を送りましょう。

成功の障害 10

怠惰・ルーズ

怠惰・ルーズとは、ほんとうに追求しなければならないものをいい加減に済ませてしまうことです。「忙しい！」「間に合わない！」と口ぐせのように言いながら、企画書の書体やレイアウトを変えたり、表やイラストを挿入したりと、1日中パソコンの前から動かないセールスパーソンがいます。

顧客が企画書に感激して成約に至るならよいのですが、営業としての役割は、顧客のニーズや課題を聞き出し、その解決策となる商品・サービスをすばやく提示することです。メリットのある提案ができれば、手書きの企画書でも十分です。

ビジネスにおいては、センターピンを外すなということがよく言われます。目標を達成したければ、達成に効果的な行動を選択してください。自己満足な仕事は怠惰・ルーズの表れです。「核となる職務は何か？」という質問を自分に問いかけてみましょう。

成功のサイクル・失敗のサイクル

「ルーズは貧乏の母」と言われるように、ラクなほうへ流される生き方をしていると、言い訳の癖がつき、達成できないので自信を失い、そこから考え方が否定的になって目標を掲げることすらできなくなります。すると、無計画なため思考も分散し、またラクなほうへ流されるという悪循環に陥ってしまいます。

反対に自分にとってほんとうにやるべきことが明確であれば、継続して実行できます。達成体験から自信が育まれ、あれもできる、こんなこともやってみたいと願望が明確になって、新たな目標が設定されます。目標が明確になれば計画が

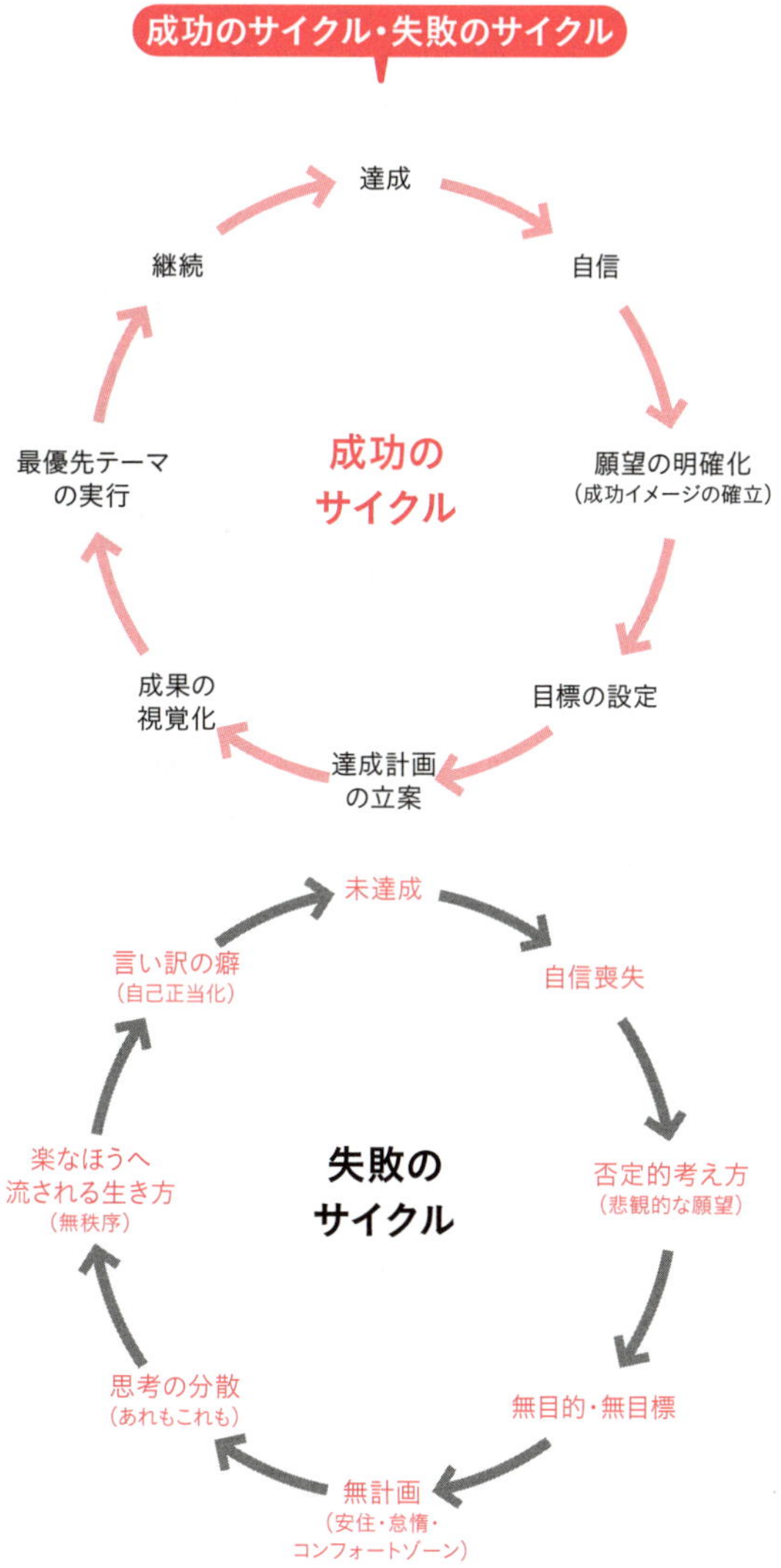
成功のサイクル・失敗のサイクル
成功のサイクル
達成
自信
願望の明確化
（成功イメージの確立）
目標の設定
達成計画
の立案
成果の
視覚化
最優先テーマ
の実行
継続
失敗のサイクル
未達成
自信喪失
否定的考え方
（悲観的な願望）
無目的・無目標
無計画
（安住・怠惰・
コンフォートゾーン）
思考の分散
（あれもこれも）
楽なほうへ
流される生き方
（無秩序）
言い訳の癖
（自己正当化）

立てられるので、成功への道筋が明確になり、力強い実行力へとつながります。

受講生に全国にリラクゼーションサロンを数十店舗展開している経営者がいます。小学生のときに母親が蒸発し、父親は海外赴任続きで思春期はほとんど兄弟だけで暮らしていました。いまはそのときの寂しさを社員への愛情に替えて、若い社員を中心とした家族経営をおこなっています。

23歳のときに事業を興しますが、はじめは起業自体が目的だったと言います。そこからお客様に喜んでもらいたい一心で、社員と一緒にさまざまなサービスを考え、リラクゼーションサロン以外にも自動車の販売や求人サイトなどさまざま事業を展開し、数多くの事業を成功に導いてきました。サービス業は、人材が宝だと、会社の費用で幹部を積極的に研修に参加させています。

あらゆる生き物は逆境のときに、成長し、順境のときに、衰退する。成功者はうまくいっているときも成功のサイクルから外れないのです。願望を明確にし、最優先の事柄を達成して自信をつけていきましょう。あなたの人生は誰の管理下にもありません。目標達成は、自分のために、誰から言われることもなく、教わるのでもなく、自分で願望を実現していく過程なのです。

パラダイムシフトの重要性

ここまで成功の障害を説明してきました。いかがでしたか？　目標を達成しようとするとどんな障害が表れるのか、整理して理解している人はあまりいないと思います。だからこそ、世の中に成功者が少ないのです。

10人いれば10通りの「思考の枠組み」があります。人は、それぞれが育ってきた環境、学んできたこと、出会ってきた人々からの影響によってパラダイムが形成されていくのです。

ある生命保険のトップセールスマンが、研修を受けたことで家族との時間を取

セルフカウンセリング

1

わたしは何を求めているのか?
わたしにとって一番大切なものは何か?
わたしがほんとうに求めているものは?

⬇

願望の明確化

2

そのために「今」何をしているのか?

⬇

時間(お金)の使い方をチェックする

3

その行動はわたしの求めているものを
手に入れるのに効果的か?

⬇

主観を絶対視せず客観的に行動を自己評価する

4

もっとよい方法を考え出し、実行してみよう

⬇

改善計画とその実践

るようになりました。仕事を優先し、家族は二の次だった自分の傲慢さに気づいたと言います。

すると、仕事でも「愛・誠実・感謝・貢献」など人生そのものについて語るようになったというのです。周りからも「どうしてそんなに楽しそうに働けるのですか？」と言われるようになったと言います。

これまでは口ではお客様のためと言いながら、お金になる合理的な判断を優先してしまっていたそうです。今ではご縁を大切に、友人を増やす感覚で仕事をしていると言います。家族関係をよくすることで、「相手のために何ができるのか？」をまず考えるようになり、お客様への関わり方が変わって成果もさらに出ました。自分の願望を明確にしたからこそ、貢献のレベルが上がったのです。

人生は求めるものが変わると180度変わります。なぜなら意思決定が変わるからです。これをパラダイムシフトと言います。

これまで曖昧な思考で生きてきた人は、成功者のパラダイムにシフトしなければばなりません。成功者の脳（成功のナビゲーション）は、間違った方向性へ進んでいると、目標達成から外れていると教えてくれます。達成に役立たない行動は苦痛感情となるのです。

未来がどうなるかは、その人が支払っている代償を見ればわかります。何に時間を使っているのか、何にお金を使っているのか。めざすものがあると代償の先払いが変わります。**時間とお金の使い方を見るとその人の求めているものが見えてきます。**

失敗者は目的・目標が曖昧で、好きなことに流されて時間とお金を使います。あなたの真の願望はなんですか？　誰もが自分の人生に責任を負っています。だからこそ、ほんとうに求めているものを実現するために、精一杯毎日を生きなければならないのです。成功はしてもしなくてもよいものではありません。これまでは親や教師があなたにどう行動するべきかを教えてくれました。欲しいものがあると買い与えてくれました。面倒を見てくれました。

しかし、あなたの人生の成功はあなたにしか実現できないのです。あなたは自分で自分の思考と行動をコントロールする責任があります。

目標達成思考を身につけるために、毎日セルフカウンセリングしましょう。

自分の求めるものを明確にし、成功をイメージして1日をどう使うか時間軸で管理しましょう。時間の使い方が変わるとお金の使い方も変わります。すなわち人生が変わります。

パラダイムを形成する土台はその人の人生理念です。どんな理念をもっているかによって、パラダイムが決まります。よりよい気づきを与えてくれる出会いやきっかけを、いつまでも待ち続けられるほど、人生の時間は余裕がありません。意識的にパラダイムシフトを起こす努力が必要です。

成功したければ成功者と交わり、本物を知る必要があるのです。常日頃から、よい人、情報に触れることを心がけ、さらに言えば、よい習慣を形成していくのです。

今まで朝の時間を有効に活用していなかったなら、ちょっとだけ早起きをして自分の仕事に関連した専門分野の勉強を始めてみる。最初は、眠くてつらいかもしれません。だから、習慣形成するのです。食後に歯を磨かなかったり、トイレのあとに手を洗わなかったりすると気持ちが悪いと感じますよね。同じように成功者の習慣をしないと気分が悪くなるくらいに続けるのです。

パラダイムシフトに気合いは必要ありません。よい体験をすることで自然と考え方が、行動が変わってきます。成功とは、突き詰めれば小さな目標達成の集大成でしかありません。

小さな目標を達成していく習慣を身につければ、やがて大きな自信となり、ひいては自分自身の生活を劇的に変化させることにつながっていきます。

目的・目標思考を身につけるために必要なのは、パラダイムを変えてよい習慣を身につけることです。

第5章

目標達成思考を身につける

成功の⑩原則

パラダイムシフトの重要性を知っても、これまでの経験から身についたある一定の思考の癖、パターンを目標達成型に変えることは容易ではありません。

そこで目標達成する人たちは、どのような観点で物事を捉え、行動を管理し、習慣を形成しているのか説明します。ここに記載されている原則どおりにあなたも行動すれば目標達成型の人間になれるでしょう。

❶ あらゆる事柄に目標を設定し、計画的に生きる（優先順位を守る）
❷ セルフコントロール能力の習得
❸ 成功者としての自己概念を形成する
❹ 心の法則を使う
❺ パワーパートナーの協力を得る能力
❻ 専門能力を開発し、真のプロフェッショナルになる
❼ 過去志向型から未来志向型への変革
❽ 一生学び続ける
❾ 健康管理を徹底し、エネルギッシュに生きる
❿ 実践主義に徹する

成功の原則 1

あらゆる事柄に目標を設定し、計画的に生きる

（優先順位を守る）

行動の優先順位が変わるとは、人生が変わることです。90歳まで生きると決めたら、食べるものが変わります。目標達成の優先順位に従って、すべきことは変わっていきます。

願望を明確にし、それを実現させるための優先順位のとおりに行動していくことです。なぜ目標設定しない人が多いのかとい

うと、次の理由からです。

人が目標設定しない3つの理由

❶ 気づきの機会の不足（認識の欠如）
❷ 知識の不足
❸ 失敗への恐れ

どんなに偏差値の高い大学に入学しても、目標設定の技術そのものを教わる機会はありません。ですから、ほとんどの人が目標設定そのものの価値をわかっていません。

達成するためには、まず設定をしなければなりません。しかし、願望が曖昧なので目標がないし、計画も立てられない。

私たちは幼いころから時間割で管理され、就職するときも願望より、待遇や給与、周りの評判などを優先させる選択をしがちでした。そうした状況への慣れから、目標が曖昧なまま日々の出来事に身を任せる習慣がついてしまっています。
たった一度限りの人生で他力本願なのは、とても残念で悲しいことです。成功者は、自分の意思でどう生きるかを選択し、何を実践すれば願望が実現できるかを考え、実際に行動してきました。

時は有限、人生は有限。私たちが忘れてはいけないことは、いつかは人生の幕が閉じるという事実です。死を前提に生きている人は意外にも少ない。
人が気づきを得るのは、大きな痛み（投獄、倒産、大病）を経験したときだと言います。流されるまま生きて痛みを味わう前に、学びを深めて自ら気づきを得てほしいと願っています。

悔いのない人生を生きるとは、どういうことでしょうか？　自分の大切な人、大切なものを第一に生きることでしょう。もし、願望が明確でなければ、人生の時間を浪費することと同じです。

目標設定しない最後の理由として、失敗への恐れがあります。自分にはできないと否定的なパラダイムをもっていることで、目標設定にブレーキをかけてしまうのです。

松下幸之助翁は、根源の社でいつも祈っていたと言います。親がいて、その親がいて、ずっと続いてきている。松下幸之助翁は、その最終的な根源を宇宙の創造者と考え、手を合わせていたのです。松下幸之助翁は、究極に素直に生きることをめざしたのではないでしょうか。

考えていることとしていることを一致させるためには、目標達成に必要なことを書き出しましょう。そのうえでできることとできないことを区分し、できることに全力投球しましょう。

そして時を管理下に置くのです。するべきことに優先順位をつけて、時間軸に落とし込んで日々実行するのが計画性のある生き方です。目標達成は苦しい道のりではありません。最初は苦痛感情を味わうこともあるかもしれませんが、続ければ習慣になります。

自分がどうしたいかよりもどうしたら自分の人生の質がもっと向上するかを考えるべきです。

願望を実現できる人生とできない人生のどちらがいいでしょうか？　目標が明確で達成できる毎日とできない毎日、どちらが充実しているでしょうか？　答えはすべてわかっているはずです。

願望と目標を区別しましょう。願望は形而上、目標は形而下です。願望を実現できない原因は無計画にあります。

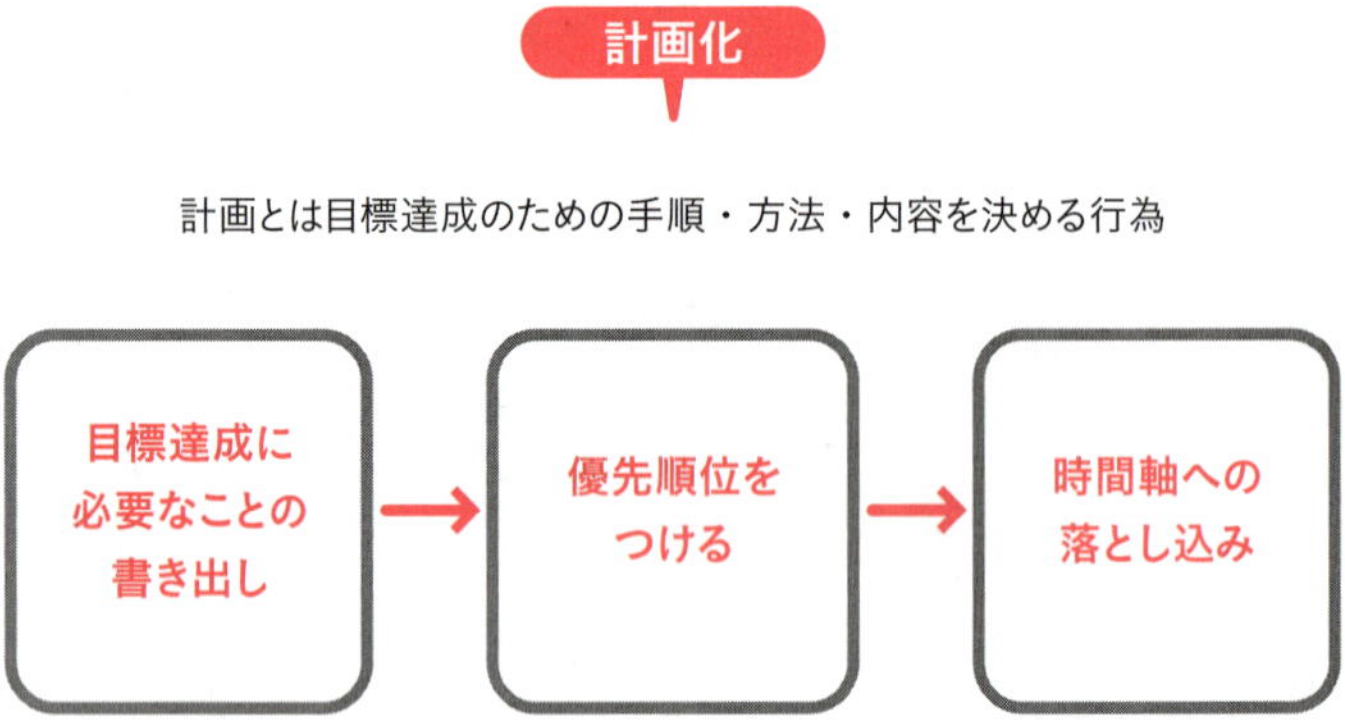
計画化
計画とは目標達成のための手順・方法・内容を決める行為
目標達成に必要なことの書き出し
優先順位をつける
時間軸への落とし込み

成功の原則 2

セルフコントロール能力の習得

セルフコントロール、すなわち自己統制能力とは、目標に焦点を合わせる能力と最優先の仕事（事柄）に集中できる能力のことを言います。

成功者と失敗者の違いは、コントロールできる領域の差です。人は、思考と行動が一致すると快感を得ます。コントロ

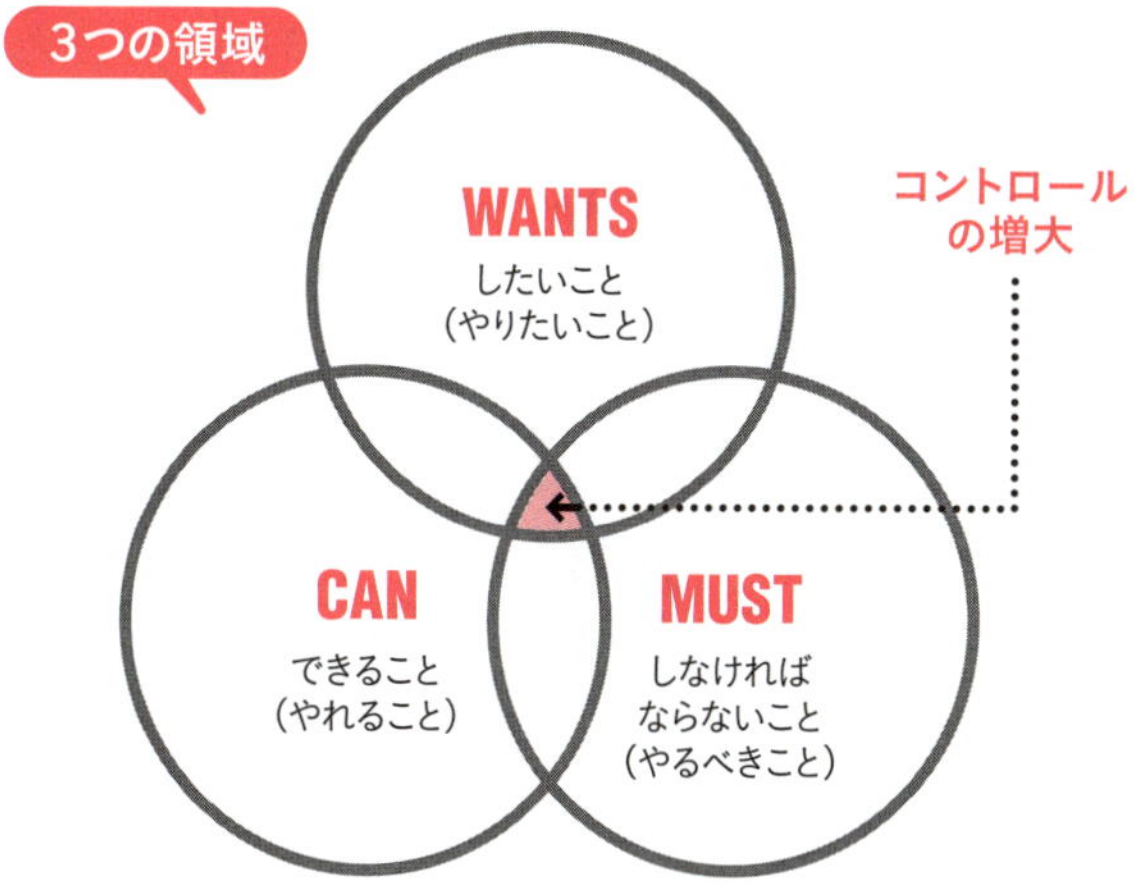

ールできないとフラストレーションが溜まっていきます。５つの基本的欲求のなかでもとくに愛・所属の欲求と力の欲求が満たされないと、生きる価値まで感じられなくなってしまいます。

懸命に働き、会社を上場させて裕福になったものの家族関係は悪化するばかりという経営者もいます。幸不幸は感情なので本人にしかわかりませんが、お金がすべてではないことは確かです。

あなたは恋人や配偶者との記念日、誕生日をおぼえていますか？　お金を持っていれば成功者ではありません。もっとも身近な人を大切にできる人が成功者です。人生のバランスを失わないようにしてください。

自分中心の人は、専門スキルをもっていてもある一定のレベルまでしかいきません。仲間のために尽くせる人間が真の成功者になります。徳を積んでいく生き方は大切です。自分にはできないことも、ほかの人の力を借りられれば実現できます。自分のコントロールが増大します。

草野球チームに入る、甲子園に出場する、プロ野球選手になるというのでは、負荷が違います。めざしている人と一緒にいれば刺激になりますし、その人の周りには向上心のある人がたくさん集まります。

ビジネスにおいてはお金持ちかどうかではなく、誠実か不誠実かで付き合う相手を決めましょう。誠実でなければ長く付き合えないからです。思いやりのある人を大切にしましょう。

証券会社からフルコミッションセールスの保険会社に入った受講生の方の話です。1年目は新人賞、2年目に社長杯と順調にキャリアを重ねていきましたが、3年目から燃え尽きてしまい、なんとか食べていけるくらいの働きで食いつないでいました。

夫婦仲も悪化し、後輩たちが成長し、自分の遅れを感じていました。研修で人間関係の大切さを実感し、家族が自分にとってどのような存在なのか、仲間の前向きな態度や気持ちに感謝が生まれ、社長杯に焦点を絞って14年ぶりに入賞を果たしました。

グラッサー博士は「私たちは人間関係の進歩についてはあまり考えない。私たちは過去よりもお互いに仲良くやっているだろうか。人間関係の進歩について、はるかに良い関係になったということは見てもいなければ聞いたこともない」（『グラッサー博士の選択理論』）と述べています。

わたしも1年間のスケジュールを立てるとき、行事や旅行など家族との予定を最優先で仕事の予定を入れています。

コントロールには5つの領域があります。

❶自分ではコントロールできると思っていて、実際にはコントロールできない領域
❷自分ではコントロールできると思っていて、実際にはコントロールしていない領域

❸自分ではコントロールできると思っていて、
実際にコントロールできる領域
❹自分ではコントロールできないと思っていて、
実際にはコントロールできる領域
❺自分ではコントロールできないと思っていて、
実際にコントロールできない領域

コントロールできることとコントロールできないことを区分しましょう。成功のためのポイントは、❷、❹と自分の目標を❸の領域に入れることです。できることに全力投球するのです。

真面目な人ほど高すぎるところに設定し、精神的に苦しくなってしまうことが往々にしてあります。現実的に達成できる目標を設定し、それが達成できたら次の目標にチャレンジしましょう。

人と比較しない自分のベストレコードにチャレンジする生き方を歩みましょう。成功は人には決められません。自分なりの最善を尽くすことです。

成功とは小さな目標達成の積み重ね。地道な作業ですが、成功する人は小さな達成感を糧に自信を育てます。コントロールできないものに焦点を当てず、コントロールできる領域を少しずつ拡張していくことが思考管理でもっとも重要です。

ファイナンシャル・マネジメント・リスト

人にはそれぞれキャパシティがあります。わたしは初め500万円を工面するのにも苦労しました。その後、5000万円をつくるのに苦労し、現在は5億円でもなんとも思いません。自分の器（キャパシティ）が広がれば、それ以下のことはなんとも思わなくなります。

ファイナンシャル・マネジメント・リスト

	過去の支出	現在の支出	近い将来、必要となるお金	遠い将来、必要となるお金
A 必要不可欠〈どうしても必要〉		1	2	3
B 必要		4	5	6
C 無駄〈あればよい〉		7	8	9
D 無駄〈なくてもよい〉		10	11	12

時間とはお金であり、人生（命）であると考えましょう。時をお金に変えることで自由が拡張します。ストックもできるようになります。ストックがないと、最終的にはやりたくないこともお金のためにやらなければならない人生になります。事後対応ではなく、事前対応を増やしましょう。これもセルフコントロール能力の高さのひとつです。

事前対応の代表格が「能力開発」と「蓄財」です。誰でもできることを誰よりも卓越するまでおこなうところにコントロールの増大があります。

賢い人は早くから手を打って、現実的な目標設定をすることで無理のない蓄財をしています。自分のお金の使い方を見直してみましょう。現代でどんな生き方をするかはすべてお金が関係してきます。

求めているものを明確にし、大切なものを大切にする生き方を貫くために、ファイナンシャル・マネジメント・リストというフレームワークに則って、優先順位をつけましょう。横軸に「過去の支出」「現在の支出」「近い将来、必要となるお金」「遠い将来、必要となるお金」の項目を設け、縦軸に次の4項目を置きます。

「A　必要不可欠（どうしても必要なお金、家賃、光熱費、食費など）」
「B　必要（冠婚葬祭費など）」
「C　無駄（あればよいお金、高級車、車の買い替え資金など）」
「D　無駄（なくてもよいお金）」

そしてこれからのお金の使い道を書き出してみます。わたしの過去のお金の使い方は、まさに前に述べた「失敗タイプ」の人間に属していました。Cランクに該当する見栄を張るための高級品に湯水のようにお金を使っていたからです。

ファイナンシャル・マネジメント・リストの最大の特色は、支出に優先順位がつけられるということです。Aランク（どうしても必要なお金）の横軸にある「現在の支出」「近い将来、必要となるお金」「遠い将来、必要となるお金」に1、2、3と順番をつけます。続けて同じように、B、C、Dランクにも4、5、6

と順につけていきます。注意すべき点は、表に書き込んだ過去の支出が無駄な項目にばかり当てはまっても、失敗ではなく経験をしたと考えることです。経験を反省し、これからの使い方に活かしていくのが前向きな人生です。

1日100円の節約は、月に3000円稼いだことと同じなのです。しかも、労働の負担は一切なく。節約も習慣化すれば、間違いなく節約できる金額は増えていきます。お金に対する価値観を変えるだけで、お金は貯まっていくものです。

資産を築く4段階

世界中の億万長者を研究すると、収入よりはるかに低い支出で生活をしていることがわかりました。見栄を張らずに、資産形成のためにお金をうまく働かせています。

蓄財の基本は初級編として、収入の2割を貯蓄に回し、10年間続けることです。

収入が増えることを前提に、生活費を変えなければ、やがて月収の5割を貯蓄に回しても気にならなくなります。ますます資産は増えていきます。

純資産5億円くらいになると、堅実に運用しても年間2500万円くらいはキャピタルゲインとなり、生活の不安はなくなります。富裕層は純資産1億円ですから、超富裕層と呼ばれるレベルです。

貯蓄のコツは、収入－支出＝貯蓄ではなく、収入－貯蓄＝支出へシフトすることです。

お金と時間を同じように扱いましょう。

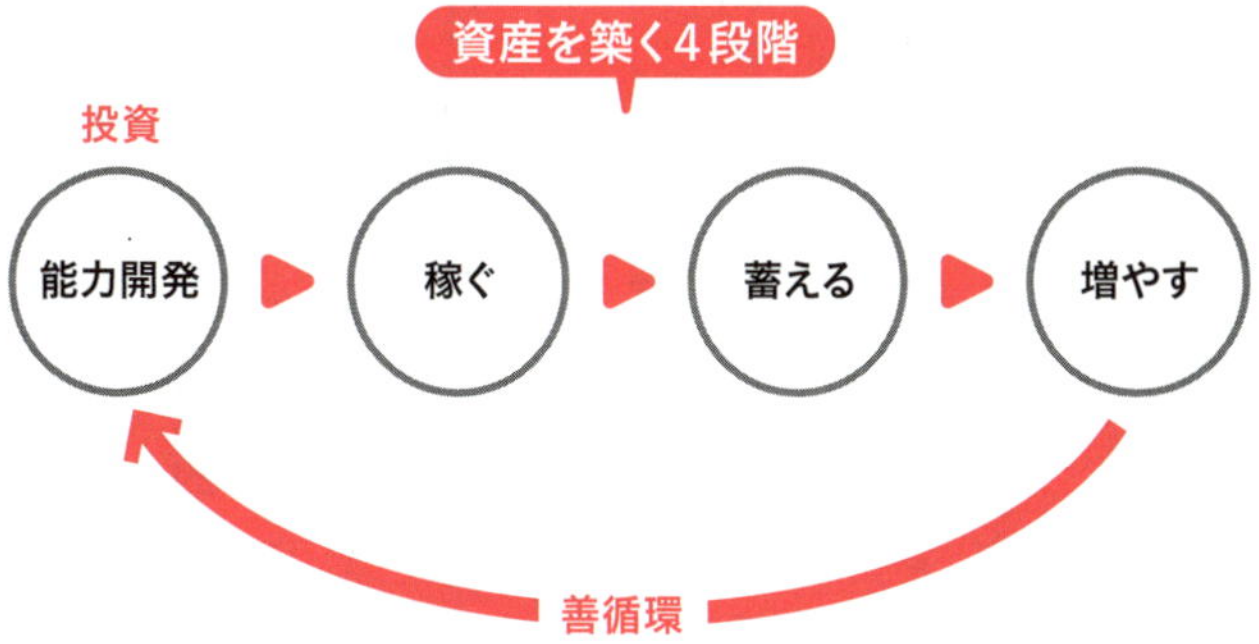

若いときは、自己投資です。WANT、CAN、MUSTがあるとき、人はラクなほうを選ぶのでどうしてもWANTが優先されてしまいます。老後のために、MUSTをコントロールしましょう。短期的な願望に対しては、長期的な願望をぶつけましょう。そうしなければ、思考と行動をコントロールできません。将来を考えることで自制が働くようになるのです。

わたしはセールスで培ったキャリアをもとに能力開発のトレーニング会社に入りました。そこで役員になって経営を学び、独立したのですが、仕事に専念しなかったら、その後はありませんでした。稼ぐ前の能力開発に焦点を当て、そこから稼ぎ、蓄え、増やし、それをまた自己投資するのです。

お金に関するノウハウは実際に蓄えている人のアドバイスを聞くのがいちばん確実です。お金は形而下。億単位が当たり前の世界も夢物語のように聞こえるかもしれませんが、形而下ですべて変えていくことができます。

目標から上で行動するとお金持ちにはなれるかもしれませんが、人生の歯車はどこかで必ずおかしくなります。仕事が充実して、お金があって、家族との仲もよく、人生を楽しんでいる人をモデルにしてください。そういう人は必ず多くの貢献をしているはずです。ここで、資産を築く8つの法則を紹介します。

❶収入よりはるかに低い支出で生活をしている
❷資産形成のために時間、エネルギー、お金を効率よく配分している
❸お金の心配をしないですむことのほうが世間体を取り繕うよりもずっと大切だと考えている
❹社会人となったあと、親からの経済的な援助を受けていない
❺子どもたちは経済的に自立している
❻ビジネスチャンスをつかむのがうまい
❼自分に合った職業を選んでいる
❽配偶者が浪費家ではない

どんなに一流大学を出てもお金儲けできる人とできない人がいます。よい大学

を出たわけではなくてもチャレンジし、事業を人に任せて富を増やしている富豪もいれば、真面目だがチャレンジせずに能力が開発されない人もいます。能力開発、蓄財をＭＵＳＴに入れると人生が変わります。

資産家になる前に、蓄財の習慣をつくることが先決なのです。生命保険文化センター（「生活保障に関する調査」／平成22年度）によると、ゆとりある老後生活費は、夫婦２人で月に約36・６万円かかるとされています。

お金は優秀な馬のごとく乗り手を選びます。乗りこなせないと落とされます。自分の責任ある老後、家族。目的のためにセルフコントロールをして能力開発し、蓄財しましょう。

成功の原則
3

成功者としての自己概念を形成する

わたしはできる。わたしには価値がある。わたしは勝利者であり、成功者だ。

こうした考え方を身につけるのに子どものころの体験（過去）はまったく関係ありません。自己概念がもっとも現れるのは業績です。できるできないは頭の中のストーリーでしかありません。限界は自分の思考がつくるのです。

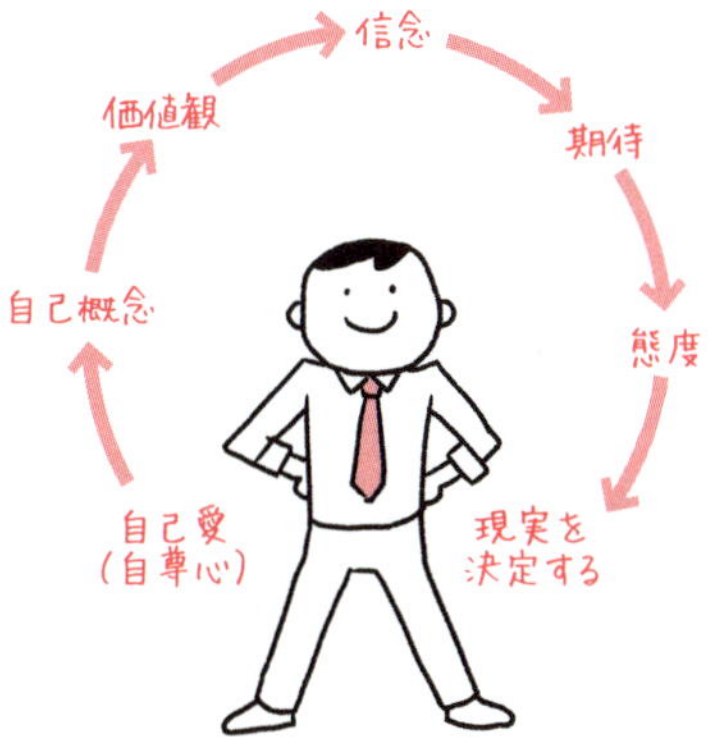

できると思っている人間は、あきらめません。できることを証明しようとします。できないと思っている人間は周りがいくらできると言ってもできないことを証明しようとします。言い訳できない環境を自らつくりましょう。成功している人・会社を見て、そのモデルからどうすべきかを考えましょう。

自己愛（自尊心）➡自己概念➡価値観➡信念➡期待➡態度➡現実を決定する

これがセルフイメージが現象化するプロセスです。自己概念が変わらなければその人の人生は変わりません。マイナス思考と行動が一致してしまうのです。

信じるとは99・9パーセントではありません。100パーセントです。信じるに値することを信じましょう。その信念の強さが成功を導きます。

まず、否定的な表現をやめましょう。たとえばお金に対してマイナスのことを発言したら、お金に対してマイナスの解釈が生まれます。

「わたしはできる」というのが健全な考え方です。暗示をかけると信念が強化されます。自己愛の高い人とは自分の存在は人や社会の役に立てるという健全な思考の持ち主です。そして、人の役に立って自己愛を高めていきます。成功者は自分の仕事が世のため、人のためになっていると確信をもっています。

できるできないどちらも正しいのです。挑戦する価値のあることならば、始めてみましょう。貢献すると次々と紹介が生まれます。貧しくなろうと思っても貧しくなれなくなります。経済的に豊かになることよりも心を豊かにするのです。愛で行動するときに、人の力を借りられるようになります。

変わるための本質にあるものは思いです。

思い込んで行動し⬇結果となって自信となり⬇自信が大きな成果への挑戦となり⬇挑戦から大きな成果が生み出される⬇気がついたらここまできた

こうして周りから見たら、本人は変わったように見えるのです。騙されたと思って、朝早く出社し、上司に「今日まで育ててくれてありがとうございました。これから一層がんばります」と伝え、仕事に打ち込み、損なことも積極的に引き受けてみてください。必ず一目置かれるようになります。

まずは人望。周りのために、愚痴を言わずに貢献する人に尊敬が集まります。チャンスが巡ってきて、キャリアとともに周りに押し上げられていきます。もし、利己的で成果を出している人がいてもどこかで必ず壁にぶつかります。能力があっても仲間から一緒に働きたくないと思われてしまう人は山ほどいます。

自分ができるようになったら仲間に教えてあげましょう。その人の目的を明確にする手助けをしましょう。成功者は貢献の人生を生きるのです。

「感謝しています」と口先だけではなく、行為で示し続けましょう。思いをもって人を大事にすれば、相手も応えてくれます。必ずいい人間関係になれます。感謝する人と一緒に暮らしていたら、幸せでしょう。その反対は不平、不満です。

内面は外面に出ます。

次にセルフイメージを高める20のアイデアを紹介します。前向きで自信に満ちた人は、周りにも貢献しようと積極的に行動できますし、付き合う人も安心感をおぼえます。

セルフイメージを高める20のアイデア

❶ 外見を整える……スーツは高級でなくても清潔に、アイロンをかけて、靴を磨きましょう

❷ 身体を清潔にする

❸ 笑顔と賞賛を送る人になる

❹ いつも周りの人に心配りをし、感謝を忘れない

❺ 付き合う相手を慎重に選ぶ

❻ 自分の長所を書き出したカードをつくる

7 勝利リストをつくる

8 悪い映画や本から身を避ける

9 失敗を乗り越えて、成功した人の体験談を聞いたり、自伝を読む

10 よい仲間をつくり、貢献の人生を生きる

11 アイコンタクトを大切にする

12 自分に正直に生きる

13 日々アファメーションを実践する

14 仕事に対して、大義名分パワーをもって取り組む

15 整理整頓をおこなう

16 毎日の小さな成功を一つひとつ積み上げる

17 自分との約束を守る

18 成功者と付き合う

19 セミナーに参加する

20 目的から一貫性をもって生きる

アファメーション（自己成就予言）

成功としてのセルフイメージを形成するために、アファメーション（自己成就予言）という効果的な技術があります。「積極宣言！」とも言います。成功者は、自分の成功を予言して目標に臨んでいるのです。それも具体的に「こうなる！」と宣言し、そのとおりに生きています。また、「自分にはできる」という自己暗示を1日に何度も繰り返しているのです。

わたしも北海道から出てきたときは、バッグ1つで、ポケットに数千円。毎日鏡を前に「お前はセールスの天才だ！」とアファメーションをして自己概念を形成してきました。信じ込むことで、「セールスの天才だったらどう動くのか？」という意識に変わりました。「自分には価値がある」という意識を心に刻み込むため、次の文を声に出して読んでみてください。

「積極宣言!」

私はいかなる時も与えられた仕事に全力投球する。

私は常日頃考えている人間になる。

私は人生に最善を求め、最善を期待する。

私の収入は私が提供するサービスの量に比例して増える。

今日、私は自分がなりたい人間のように振る舞い、
行動する。

私は成功するためにこの世に生まれてきた。

私は幸福になる権利を持っている。

私は必ず自分の夢を実現し、
貢献の人生を生きることを誓う。

成功の詩「私には価値がある」

私には価値がある。

私には無限の英知と知恵がある。

私は自分の可能性を信じる。

私は自分をこの宇宙において、唯一無二の存在と認め、

自分の中にこの宇宙の無限のエネルギーが

内在していることを信じる。

私は成功するためにこの世に生まれてきた。

私は幸福になるためにこの世に生まれてきた。

私は成功のための条件を全て内に備えている。

ちょうどダイヤモンドが、研磨される前にも、

ダイヤモンドとしての存在価値があるように、

私も私自身の存在価値を承認する。

私は価値のある人間だ。

私はすばらしい人間だ。

私は自分を愛する。

私は自分を大切にする。

私は自分を最高最大に生かし切ることをここに誓う。

死をむかえた時に、

私は私に対して“よくやった”と言えるような

人生を全うする。

なぜなら私には価値があるからだ。

「私は自分が大好き！ 私は最高！ 今すぐ実行！」

私は自分が大好き！　私は最高！　今すぐ実行！

私は自分が大好き！　私は最高！　今すぐ実行！

私は自分が大好き！　私は最高！　今すぐ実行！

私は自分が大好き！　私は最高！　今すぐ実行！

私は自分が大好き！　私は最高！　今すぐ実行！

私は自分が大好き！　私は最高！　今すぐ実行！

私は自分が大好き！　私は最高！　今すぐ実行！

私は自分が大好きです。
私は自分のことを大切に扱い、
最高最大の人生を生きていくことを誓います。
また、私が自分を愛しているように、
隣人も又自分自身を愛していることを認め、
これからは、隣人を自分と同じように大切に扱い、
心から愛します。
私は隣人が大好きです。
私は自分を愛します。
そして、隣人も、心から愛する人生を全うします。

日常のなかで、同じフレーズをシャワーのように浴びていると、意識下に刷り込まれます。「あなたには？」と問われたら「価値がある」と答えられ、「あなたは？」と尋ねられれば「成功者である」と自然と口から出てくるようになります。

この言葉を、腹の底から声を出して読んでみます。毎朝10回は唱えてみましょう。「今すぐ実行！」とは、何事も後回しにしない習慣を身につけるための言葉です。口にするだけで、あなたの考え方は肯定的に変化していきます。

アファメーションは、挫けそうになったり、怠け心が出てきたりしたときに、気持ちを鼓舞してくれるものでもあります。声を出して読むのがどうも恥ずかしいという人は、録音して通勤中や移動中に聞きましょう。

成功の原則
4

心の法則を使う

思考を現実化するとは、形のないあなたの思いを現実にすることです。無から有を生むためには、原則を知る必要があります。すなわち「心の法則」を理解するのです。

1 信念の法則

現実とは人が五感を通して知覚した世界であり、人によって捉える現実はまったく異なります。現実をどのように捉えるかによって前提が変わります。前提が

変わると未来が変わります。

たとえば建築物はわかりやすい信念の産物でしょう。建築工学的に計算されたものが形になるのです。信念が現実を決定する。最初にあるものは思いです。

わずか4ヵ月で保険セールスにおける最高のタイトルTOT（Top of the Table）を達成した受講生がいらっしゃいます。彼は毎朝3時半に起きて、出社し、自分の仕事は午前中ですべて終わらせてしまうのです。夜は早く帰って子どもとの夕食を楽しんでいます。サイクルが違うのです。誰も出社しないオフィスで、一人、毎朝どうしたら成果が出るかを考えていると言います。

現実とは、私たちが力を認めている人が断言するもののことです。実在するのは実績のみ。目に見えないものが目に見える現象をつくっているのです。このことがわかったときに、一貫性をもった生き方ができるようになります。

目に見えないものを心の目で見て信じる。このことについて詳しく説明していきましょう。

2 期待の法則

あなたはある名家のご令嬢と結婚したとします。その社長には息子がいません。後継者を誰にしようかと考えあぐねていた社長は、娘婿であるあなたを任命することにしました。あなたも「お任せください!」という気持ちになったとします。意気揚々とするあなたに、社長はある条件を出しました。2LDKの家に住んでいるあなたに対して、部屋を引き払って本社の隣にある、古びた3畳一間のアパートに移ってくれというのです。ただし、3年間辛抱すれば、田園調布にある500坪の邸宅を贈与するということでした。

この苦労はつらいでしょうか? 3年後に大きな家に住めると思えば、それほどつらくはないはずです。

これが期待の法則です。今の暮らしはよりよい生活を送るための糧になっていると思えれば、日々明るい気持ちで過ごせるでしょう。そうして実際に現実がそのように変わっていくのです。

未来に対する確信があれば、進んで代償を払えるようになります。仕事で成果を上げたければ、業界でベストの人と会い、よい書物を読むのは必ず役立ちます。そこまで研究熱心になれないのは、期待の法則を利用していないからです。

成功を鮮明にイメージしましょう。そして、陶芸家が粘土をこねるように、自分の環境を操作して上質世界にある願望のイメージに現実を近づけるのです。

3 因果の法則

すべてのことに原因があり、結果があります。ですから、成功者は、外的世界をすべて私たち自身の内的世界の反映だと捉えています。

経営者が「マーケットがない」と言います。誰をお客様にしたいのか？　どういう人に商品・サービスを利用してほしいのか？　理想の見込み客のプロフィールをつくり、そこにいかに働きかけられるのかを考えましょう。思考の中に未来があります。

人間は自分の願望に入っている人と一緒に過ごすことで幸福感を覚えます。他人の願望に入るために、相手に何を求めているかを聞いてください。相手の求めるものを提供すれば、自分を願望に入れてくれます。力を貸してくれます。真剣に分かち合うことは貢献です。

人は与えた分でしか豊かになれません。成功するのは当たり前。失敗するのは原則を外れているからです。ビジネスでうまくいかなかったときに、時流や景気のせいにするのではなく、顧客に求められる商品・サービスを提供できているかどうかを追求しましょう。そのためには自分が学び、体得したことを分かち合いましょう。あなたが学び続けることで、ビジネスも成長します。

4 習慣の法則

習慣は第2の天性と言われます。良い種を蒔けば良い実がなり、悪い種を蒔けば悪い実がなる。何も蒔かないと雑草が生えます。雑草とは雑念です。

無意識のレベルまで目標達成に効果的な選択をするためには、朝早く起きて、目的目標を見て、優先順位に従って行動し、夜に内省して眠りにつくことです。この習慣を繰り返していれば悪い実はなりません。

人は今、欲しているイメージを実存の世界に求めて行動します。そのイメージは習慣に影響されます。

印刷業で成功を収め、アメリカの独立に貢献し、建国の父とも呼ばれるベンジャミン・フランクリンは、ある記者に成功した理由を聞かれて、若いときに次の13の徳目を守ってきたからだと述べています。

「フランクリンの13の徳目」

1 節制……満腹して活動力が鈍るほど大食してはならない。己を忘れるまで酔うほど飲酒してはならない。

2 沈黙……他人もしくは自分自身を害するようなことは語らないこと。すなわち、くだらない話は避けること。

3 秩序……すべての物事にそのあるべき場所を定め、秩序を与えること。それぞれの仕事は各々の時間を定めて処理すること。

4 決断……当然為すべきことは、あくまでもこれを成し遂げる決心をすること。いったん決心したことは挫折しないこと。

5 倹約……他人もしくは自分自身に益しないことに無駄な出費をしてはならない。浪費はすべて一掃すること。

6 勤勉……時間を空費しないこと。何事にせよ、つねに有益なことに時を費やすこと。不必要な行動はすべて排除すること。

7 誠実……有害な詐術を用いないこと。物事は悪意なく、正しく考えること。語るときは、心にもないことを語ってはならない。

8 正義……有害な行いをしたり、利益をはかるべき義務を怠って不正を働いてはならない。

9 中庸……極端に走らないこと。当然憤慨するのが当たり前だと思われる行為に対してさえも、耐え忍ぶこと。

10 清潔……身体、衣服もしくは住居は清潔にすること。

11 平静……ありふれた些細な出来事や、不可避な事件に遭遇して、取り乱さないこと。

12 純潔……みだりに色欲にふけらぬこと。性行為は、健康と子孫のために行うべきであり、そのために、怠惰虚弱を招いたり、自分や他人の平和、名声を傷つけることは避けなければならない。

13 謙遜……キリストやソクラテスを見習って謙虚たること。

フランクリンは、13枚のカードをつくって、1週間に1枚ずつ見たそうです。朝、昼、夜にカードの価値観に反していないか、生涯を通じて確認していたのです。

聡明さは行動の選択の質によって証明されます。目に見える行為によってその人の考え、思いがわかります。人は自分の願望にあることを現実化させようとする生き物だからです。

「仕事で成果を出したい！」と頭では思っていても、目標達成に効果的な行動をしていなければ、違うことを優先しているのです。

集中して1つのことを追求できないという人も、よい習慣の中にいると変われます。悪い習慣の中にいると変わるのはなかなか難しいものです。変わるためには習慣を変えるのが最良の方法です。

月間1000万円の売上を上げたいと思ったら、月に10件の契約をお預かりする必要があるとします。そのためには月に30回のプレゼンテーションが必要で、月に40件の面会をしなければならず、月に50件のアポ取りをおこない、月に750件の電話がけが必要になると自然と逆算ができていくのです。1000万円は結果です。実行するのは月に750コールできるかどうか。成功は習慣の産物です。

大半の人はやり方がわからず、頭ではわかっていても途中であきらめてしまいます。毎日達成する習慣があれば、できることが前提になって続けることができます。

モチベーションの源である5つの基本的欲求を満たしながら、よい習慣を身につけるのが目標を達成するための技術です。

自分の習慣を管理できるのは自分だけです。行動習慣チェックリストを使って管理しましょう。また、自身が身につけたい習慣をリストに加えてください。毎日実践すれば、成功者の習慣が身についていきます。

行動習慣チェックリスト
（毎年、前年比130％の成長を目標とせよ）

望む収入を得るためにあなたは毎日何を実践しますか？ No.13～28に実践するべき項目を記入し、毎日実践しましょう。

	自分の上司は自分◯満足（できた）	△やや満足（部分的にできた） ×不満足（できなかった）															
1	早起きの実行	1 17	2 18	3 19	4 20	5 21	6 22	7 23	8 24	9 25	10 26	11 27	12 28	13 29	14 30	15 31	16 ／
2	毎朝30分～1時間、 専門分野の勉強をする	1 17	2 18	3 19	4 20	5 21	6 22	7 23	8 24	9 25	10 26	11 27	12 28	13 29	14 30	15 31	16 ／
3	スケジュールとプライオリティ・マネジメント の確認のために時間を20分間とる	1 17	2 18	3 19	4 20	5 21	6 22	7 23	8 24	9 25	10 26	11 27	12 28	13 29	14 30	15 31	16 ／
4	10分間、成功イメージを瞑想する	1 17	2 18	3 19	4 20	5 21	6 22	7 23	8 24	9 25	10 26	11 27	12 28	13 29	14 30	15 31	16 ／
5	車の中では能力開発ＣＤ・テープを 聴く（頂点への道ＣＤ・テープ等）	1 17	2 18	3 19	4 20	5 21	6 22	7 23	8 24	9 25	10 26	11 27	12 28	13 29	14 30	15 31	16 ／
6	仕事は常に最優先テーマにそって 行う（アチーブメントシステムに従う）	1 17	2 18	3 19	4 20	5 21	6 22	7 23	8 24	9 25	10 26	11 27	12 28	13 29	14 30	15 31	16 ／
7	栄養のバランスを考えた 食事をとること	1 17	2 18	3 19	4 20	5 21	6 22	7 23	8 24	9 25	10 26	11 27	12 28	13 29	14 30	15 31	16 ／
8	毎日適度な運動をする	1 17	2 18	3 19	4 20	5 21	6 22	7 23	8 24	9 25	10 26	11 27	12 28	13 29	14 30	15 31	16 ／
9	楽しみの時間をとる	1 17	2 18	3 19	4 20	5 21	6 22	7 23	8 24	9 25	10 26	11 27	12 28	13 29	14 30	15 31	16 ／
10	家族とのコミュニケーションを行う	1 17	2 18	3 19	4 20	5 21	6 22	7 23	8 24	9 25	10 26	11 27	12 28	13 29	14 30	15 31	16 ／
11	パワーパートナーに貢献する	1 17	2 18	3 19	4 20	5 21	6 22	7 23	8 24	9 25	10 26	11 27	12 28	13 29	14 30	15 31	16 ／
12	成功の13の徳目を実践する	1 17	2 18	3 19	4 20	5 21	6 22	7 23	8 24	9 25	10 26	11 27	12 28	13 29	14 30	15 31	16 ／
13		1 17	2 18	3 19	4 20	5 21	6 22	7 23	8 24	9 25	10 26	11 27	12 28	13 29	14 30	15 31	16 ／
14		1 17	2 18	3 19	4 20	5 21	6 22	7 23	8 24	9 25	10 26	11 27	12 28	13 29	14 30	15 31	16 ／
15		1 17	2 18	3 19	4 20	5 21	6 22	7 23	8 24	9 25	10 26	11 27	12 28	13 29	14 30	15 31	16 ／
16		1 17	2 18	3 19	4 20	5 21	6 22	7 23	8 24	9 25	10 26	11 27	12 28	13 29	14 30	15 31	16 ／
17		1 17	2 18	3 19	4 20	5 21	6 22	7 23	8 24	9 25	10 26	11 27	12 28	13 29	14 30	15 31	16 ／
18		1 17	2 18	3 19	4 20	5 21	6 22	7 23	8 24	9 25	10 26	11 27	12 28	13 29	14 30	15 31	16 ／
19		1 17	2 18	3 19	4 20	5 21	6 22	7 23	8 24	9 25	10 26	11 27	12 28	13 29	14 30	15 31	16 ／
20		1 17	2 18	3 19	4 20	5 21	6 22	7 23	8 24	9 25	10 26	11 27	12 28	13 29	14 30	15 31	16 ／
21		1 17	2 18	3 19	4 20	5 21	6 22	7 23	8 24	9 25	10 26	11 27	12 28	13 29	14 30	15 31	16 ／
22		1 17	2 18	3 19	4 20	5 21	6 22	7 23	8 24	9 25	10 26	11 27	12 28	13 29	14 30	15 31	16 ／
23		1 17	2 18	3 19	4 20	5 21	6 22	7 23	8 24	9 25	10 26	11 27	12 28	13 29	14 30	15 31	16 ／
24		1 17	2 18	3 19	4 20	5 21	6 22	7 23	8 24	9 25	10 26	11 27	12 28	13 29	14 30	15 31	16 ／
25		1 17	2 18	3 19	4 20	5 21	6 22	7 23	8 24	9 25	10 26	11 27	12 28	13 29	14 30	15 31	16 ／
26		1 17	2 18	3 19	4 20	5 21	6 22	7 23	8 24	9 25	10 26	11 27	12 28	13 29	14 30	15 31	16 ／
27		1 17	2 18	3 19	4 20	5 21	6 22	7 23	8 24	9 25	10 26	11 27	12 28	13 29	14 30	15 31	16 ／
28		1 17	2 18	3 19	4 20	5 21	6 22	7 23	8 24	9 25	10 26	11 27	12 28	13 29	14 30	15 31	16 ／
29	毎日ベストを尽くす	1 17	2 18	3 19	4 20	5 21	6 22	7 23	8 24	9 25	10 26	11 27	12 28	13 29	14 30	15 31	16 ／
30	今日の反省と明日やるべきことの 見直しをする	1 17	2 18	3 19	4 20	5 21	6 22	7 23	8 24	9 25	10 26	11 27	12 28	13 29	14 30	15 31	16 ／
31	なるべく今日中に （午前0時までに）就寝する	1 17	2 18	3 19	4 20	5 21	6 22	7 23	8 24	9 25	10 26	11 27	12 28	13 29	14 30	15 31	16 ／

成功の原則 5

パワーパートナーの協力を得る能力

パワーパートナーとは、あなたが成功させたい人で、その人の成功があなたの成功となる人のことです。その人自身も自分の人生に明確な目標をもち、その目標達成のために最善を尽くしています。

わたしがトップマネジャーになれたのは、メンバーが目標を設定したからです。成功

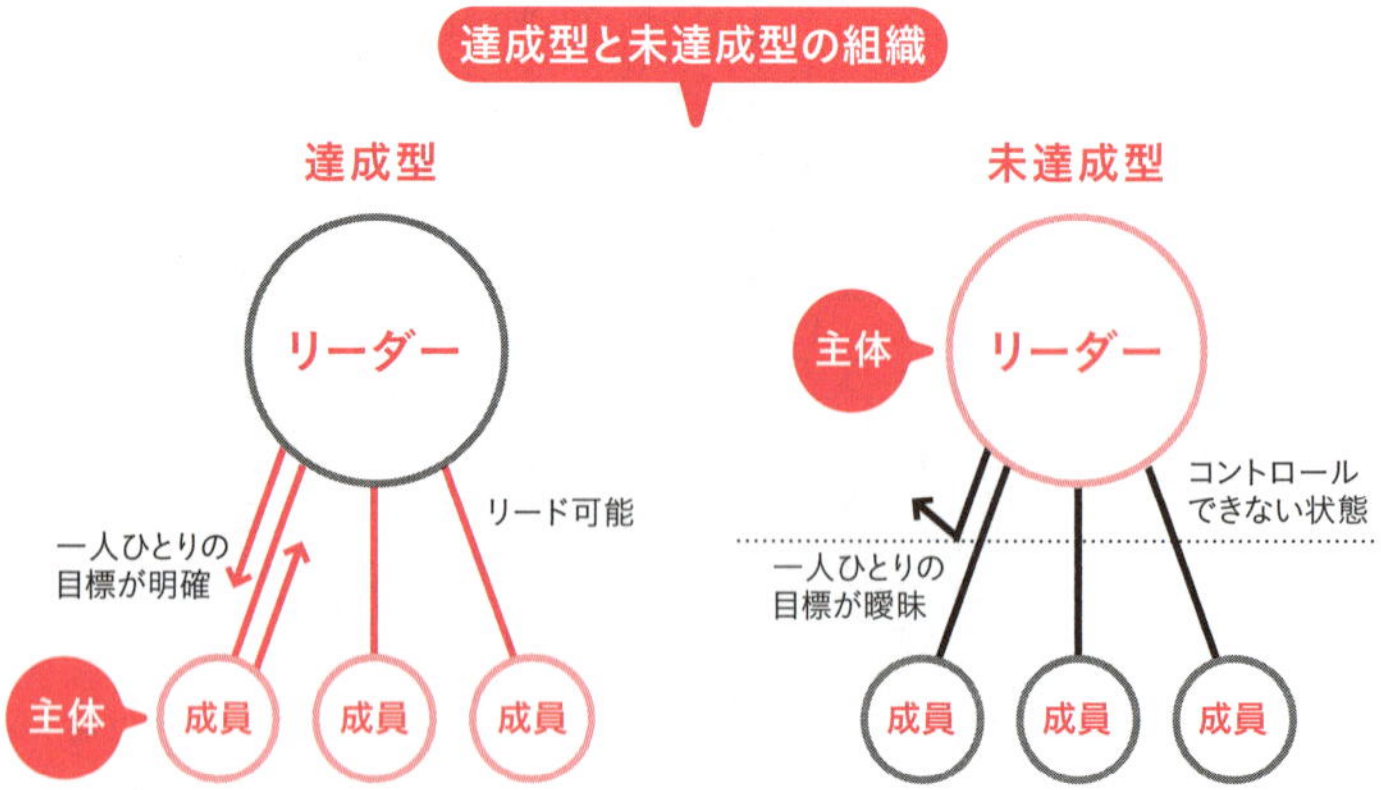

するマネジャーは、目的目標志向のメンバーを組織します。

リーダーだけが孤軍奮闘する、未達成型の組織はたくさんあります。達成型の組織は、社員一人ひとりの目標が明確になるようリードする仕組みがあります。未達成型の組織は、リーダーだけが達成する勝ち負けの組織です。上司に嫌われたくないメンバーは、自分が負けて上司を勝たせる、負け勝ちの関係になりがちです。

まだセールスパーソンだったころ、「一流のマネジャーになりたければ、自分が求める部下像を自分で実践しろ」と上司に言われました。そこでわたしは、ひたすら「上司にとってプラスになることは何か?」と考えて実践し、トップセールスになれました。

人は、自分以外のために貢献するとき力を発揮できます。ある人は、家族のために、ある人はメンバーのために、ある人はお客様のために努力するでしょう。

相手が何を望んでいるかを知り、精一杯手助けをする。行動が伴っていてこそ、真の貢献と言えます。協力者がいない、パワーパートナーと呼べる人がいないと嘆く前に、次のパワーパートナーづくりのための20のアイデアを実践してみてください。

パワーパートナーづくりのための20のアイデア

❶長所を見つけ、いつも個人的に承認する
❷話は最後まで聞く
❸真心で接し、成功するまで最大最善の協力を惜しまない
❹約束を守る。できない約束をしない
❺面倒を見る
❻求めている情報を与える
❼楽しませるユーモアのセンスを磨く
❽強制しない　強い提案○　強いる×
❾怖じけづかせない
❿誕生日にプレゼントを贈る

⑪記念日をおぼえて、花を贈る
⑫誠意を行動で表す
⑬温かい思いやりのある態度で接する
⑭微笑みを絶やさない
⑮相手が大切にしている人に配慮を示す
⑯批判をしない
⑰家族ぐるみで付き合う
⑱親切にする
⑲ほめる（過去形）、励ます（未来形）
⑳クオリティタイムを過ごす

パワーパートナーの成功が自分の成功です。周りがよくならないかぎり、自分がよくなることはありません。社員が会社の事業目的を通して自己実現できる仕組みをつくるのが経営の極意です。パワーパートナーの例は、配偶者、重役、社員、取引先、顧客、部下、同僚、顧問、協力者、友人などです。

家庭を顧みず、自分の身内は不幸なのに、世界をよくしたいと仕事に打ち込むのはおかしなことではないでしょうか。成功は自分から始まり、周りへの具体的な貢献で完成します。成功の技術とは、他の人々が求めるものを与えることで自分が望むものを手に入れる技術とも定義できます。

成功の秘訣は、自分にはない能力で、ほかの人がもっている能力を自分の能力として活用できることです。

心構えから生まれる人間関係の質と量が、人生を決定しています。周囲の人の願望に関心をもたなければ、周囲もその人の願望に関心をもつはずがありません。具体的な貢献なくして、自分自身の求める真の協力者はつくれません。

優秀なセールスパーソンは、顧客をパワーパートナーにしています。信頼と実績が積み上がると、顧客の側からそのセールスパーソンの願望を実現させたいと思うようになります。

『頂点への道』講座に参加してくださっている優績なセールスパーソンの方々は皆、例外なくボランティア精神に富み、休日返上の社会貢献もしています。

1回のセールスで一生の協力者をつくる意識で、つねに真心と誠意ある態度で顧客に接し、相手が求めていて紛れもなくメリットのある情報・商品・サービスを与え続けることです。良好な人間関係とは、相手にも自分にとっても、心地よく気分のよい状態です。

基本姿勢は、自分はパワーパートナーのために最大最善の協力をする。また、パワーパートナーにも自分の成功のために最大最善の協力を求めるということです。あなたのパワーパートナーと一貫して勝ち勝ちの関係を築けるように、相手に貢献し続けましょう。

インサイドアウトの生き方

成功は自分一人では実現しません。他人の幸せ、成功の中に自らの成功を見出すことが成功の秘訣。まずは自分の健康から。それから配偶者、社員、取引先など、あなたが成功させたい人でその人の成功があなたの成功になる人を思い浮かべてみてください。

仕事、子ども、親、配偶者の順で大切にしている人がたくさんいます。しかし、身近な人を幸せにできずに、遠くの人を幸せにできるはずがありません。**インサイドアウトの生き方**に変え、自分の時間の使い方をパワーパートナー優先にしましょう。

毎朝早く起きて、パワーパートナーにどういう貢献ができるかを考えましょう。どうしたら喜んでくれるか？　この人に誰を紹介したらいいのか？　相手の立場に立って考える習慣が身につきます。

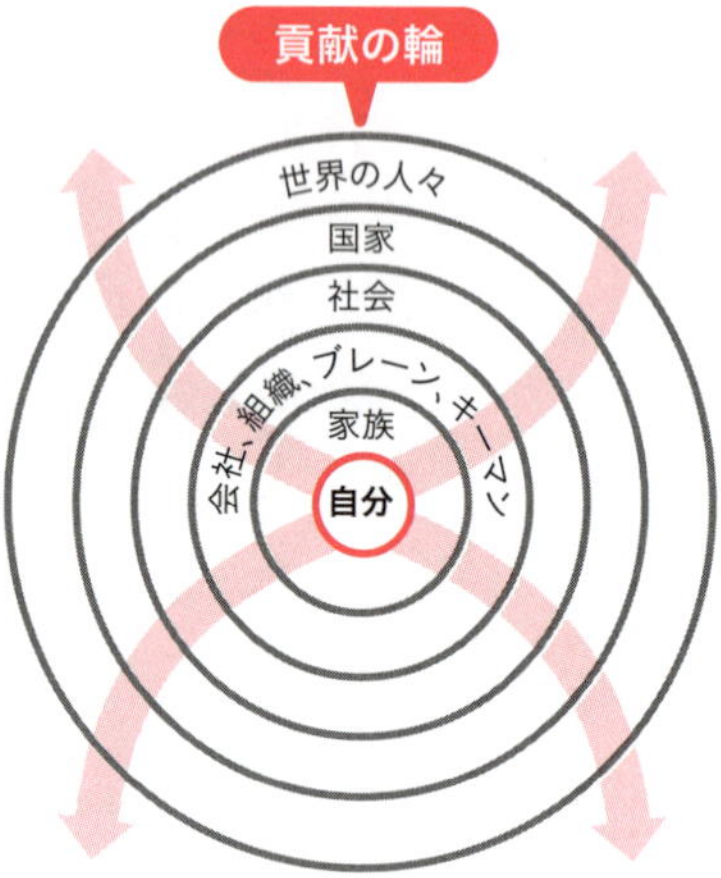

相手が自分の願望に焦点を合わせてくれていると思って一緒にお互いの願望を成就しようとする。そこに共生が生まれます。夫婦で言えば、家庭生活をひとつの生き物だと考え、大事に育てようと努力する。

パワーパートナーにいちばんの時間とお金を使いましょう。それ以外に使うとリターンが少なくなります。

良好な関係を続けるには、パワーパートナーの願望の世界に自分を入れてもらわなければなりません。相手の基本的欲

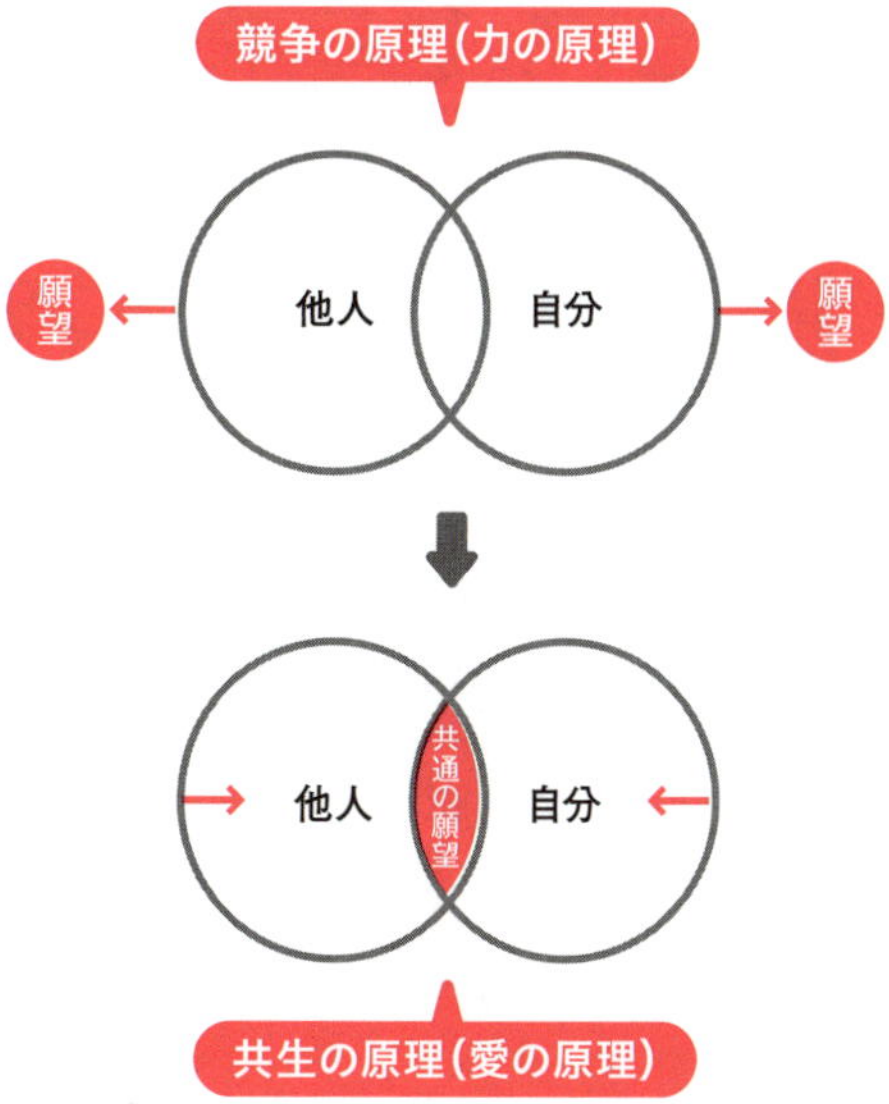

求を満たしてあげましょう。
親子関係でよくあることですが、自分の思いどおりにいかないからと、子どもに罰を与えたり、強制したりする人がいます。
日ごろから信頼する間柄であれば、理由があれば強く叱っても、子どもは親の真意を理解することはできます。

もし、いつも仕事だけを優先していて、コミュニケーションどころか会話もほとんどない関係になっていたら、いかに大義名分があっても、子どもは自分の親を上質世界から締め出してしまいます。どんなに愛の説教をしても、子どもにとっては嫌な思いをするだけなのです。これはあらゆる人間関係に当てはまります。

人を変えようとせず、まずは自分が相手の上質世界に入れてもらえるように努力すること。自分が変われば周りが変わっていきます。なぜなら、人は自分の上質世界に入っている人の望みを叶えたいと思うからです。自分が信頼している人や理想としている人の言葉は、その人にとっての正しさ、現実になります。

どんな人物を理想とするかは人それぞれです。何を現実として捉えるかも人それぞれです。現実は人の数だけあります。

下の図をご覧ください。

この図は、ある人にとっては、相対する人間の顔に見えるかもしれません。また、別な人にとっては「花瓶」か「杯」に見えるかもしれません。

現実という観点から言えばどちらも正しい。

真の現実は誰も知り得ないということです。みんなが、自分と同じように物事

を捉えているとは限りません。

人間関係を良好に保つためには、この真理を十分に認識し、自分の正しさを他人に押しつけてはいけません。他人が捉える現実もまた、ありのままに尊重しましょう。それが、人を惹きつける精神的磁石です。

成功の原則 6

専門能力を開発し、真のプロフェッショナルになる

名刺がコロコロ変わる生き方をせず、専門性を極めるということです。アマチュアは仕事以外が自己実現。プロは仕事が自己実現。成功者はひとつのことを成果が出るまで徹底的にやりきります。毎日、専門分野の研究をしましょう。

何も行動せずに能力を磨くことはできません。専門誌を購読したり、業界の人たちや会社の仲間同士とも積極的に情報交換をして、人とは違う情報を入手することが重要です。勉強は脳がクリアに働く朝がお勧めですが、朝が弱いという人は、帰宅後の時間を活用するといいでしょう。また、通勤の往路や移動中、そし

て昼食後などの細切れの時間も有効に使えます。

真の成功者とはひとつの道を究めた人のことです。以下の6項目をプロへの道として示しておきます。参考にしてください。

❶ひとつのことを徹底的に成果が出るまでやりきる
❷よいコーチにつく。プロに学ぶ
❸プロの研究をする
❹毎日、専門分野の勉強、研究を怠らない
❺よい人脈をつくること。良質なネットワークを形成する
❻結果に生きる

成功の原則 7

過去志向型から未来志向型への変革

わたしは、はじめセールスが嫌いでした。飛び込みをしてネガティブなことを言われ、電話がけをすれば断り文句の嵐……。しかし、続けることで好きになりました。なぜなら達成経験が積み上がったからです。

なぜ曖昧な思考なのかというと、達成のイメージが湧かないからです。誰もが漠然と「ああなりたい」「こうなりたい」と夢想しています。それを体現している人はすでにいませんか?

達成イメージのお手本づくりに役立つのは、あなたが過去において出会ってき

た人たちです。書物での出会いであってもかまいません。その人を目標に置き、その人に近づくことをめざしていけばいいわけです。

ある世界ナンバーワンの保険セールスパーソンは、駆け出しの税理士が一人前になるまで支援し、金融に関するさまざまな情報、知識を提供しています。保険商品を直接販売しているわけではありませんが、教え子が成長するとともにご自身のマーケットも拡張しています。

成功している人には必ず成功している理由が存在します。知識や手法はもちろん、考え方を「学び、真似ろ、追い越せ」の精神で学びましょう。わたしはセールスマンだったころ、業界トップの方々が上梓された本をことごとく読破し、そこから得られる精神的・知的な示唆を自分の価値観として貪欲に吸収していきました。

まずは自分の業界で、人格的にもキャリアの面でも卓越している人を探してみましょう。すでにキャリアを十分に積まれている人は、自分自身がモデルとなる場合もあります。「学び、真似ろ」の段階を通過して、「追い越せ」のレベルに入っている人です。そういう人は、昨日の自分を超えることに挑戦していってください。

成功している人は、必ずといっていいほどよい師、よい仲間に恵まれています。わたしもセミナーや講演会、勉強会などには積極的に参加してきました。そして、模範となる人を知ると、事あるごとに「あの人だったらどう考え、どんな行動をするだろう?」と、成功者の軸で物事を判断するようにしていました。

現実には、人に騙されたり、裏切られることもあるでしょう。どんな慰めの言葉にも、激励にも、聞く耳をもてなくなるかもしれません。癒やされるには、それなりの時間も必要とされるでしょう。

希望やプラス思考は、本人が自らの心に刻み込むものです。前向きに生きる選択をするのは、自分の思考です。否定的・厭世的な思考は、無意識のうちに心に沈殿していきます。あるいは過去の過ちから自責の念に駆られることは、限りある人生にとって有益ではありません。過去に起きた出来事は誰にも変えることはできません。変えられないことにこだわるのはやめて、未来のことを考えましょう。

理想像が鮮明になったら、さらに自分にとっての成功の状態を描いてみましょう。何が実現し、どんな人が幸せになっていますか？　わたしはスマートフォンのホーム画面に目標を表示して、いつでも目に入るようにしています。

また、会社の売上数値、社員数、資産形成の目標も録音して、隙間時間に聞いています。目標を意識することで、つねに達成のプランニングをするようになります。

成功の原則 8

一生学び続ける

専門知識は成功に不可欠です。いくつになっても向学心・向上心をもち続け、学ぶ姿勢を忘れないで生きたいものです。学びに卒業はありません。

ただし、注意することがあります。社会に有益であり、自分やパワーパートナーの成功に寄与するものでなくては、学ぶ努力は報われません。

忘却曲線

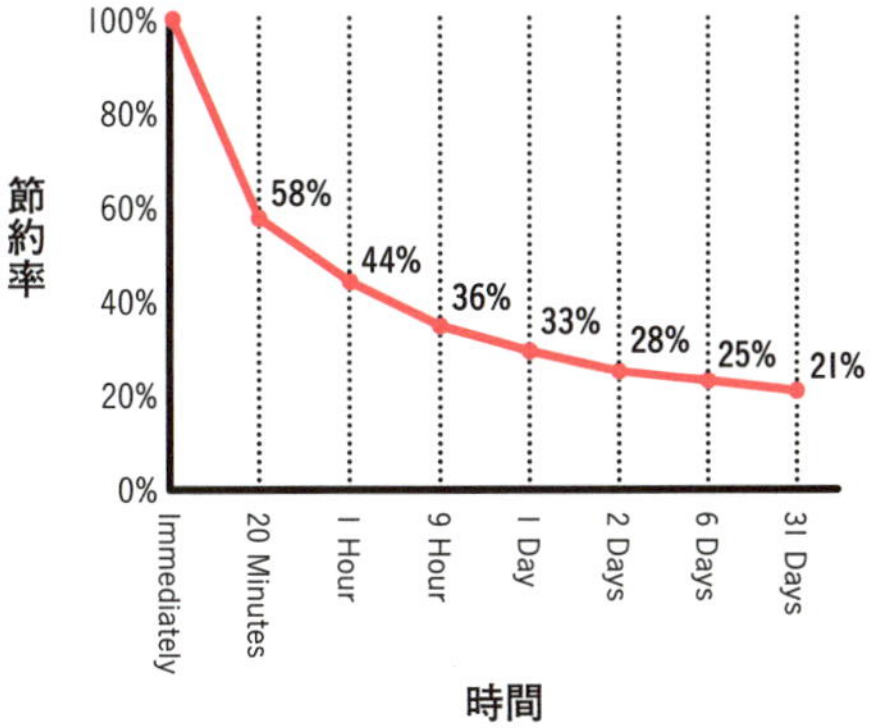

心理学者ヘルマン・エビングハウスの忘却曲線というものがあります。

エビングハウスは、無意味な音節を記憶し、一定の時間を経過したときに、再度記憶するまでにどの程度時間（回数）を節約できるかを調べました。結果は冒頭の図のとおりです。

20分後の節約率58％
1時間後の節約率44％
9時間後の節約率36％
1日後の節約率33％
2日後の節約率28％
6日後の節約率25％
1ヵ月後の節約率21％

人は忘れやすい生き物だからこそ、学び続ける必要があります。学びを習慣にする方法として以下の８項目を挙げました。これらを参考にしてみてください。

❶ 読書（年間最低50冊は読む）

❷ 成功者と付き合う（できるかぎり業界のベストと付き合う。お金持ちになりたければお金持ちと付き合う。お金持ちのいる場所に住み、お金持ちのいる学校に入る。上質の価値観をもっている人と交際したほうがいい）

❸ 通信講座をとる

❹ 毎日２つの質問を自分にする（何がうまくできたか？　ほかの方法でやるとしたらどうするか？）

❺ よい教師とメンターをもつ（メンターは５つの分野でもつのが望ましい）

❻ あらゆることを鋭く観察する（人を見るときには深く行動を見る）

❼ 自分の職業を自己開発のためのものと位置づけ徹底的に質を高める

❽ 研修やセミナーに参加する

成功の原則 9

健康管理を徹底し、エネルギッシュに生きる

健康は有形無形の財産です。莫大な富を手に入れても、身体を壊してしまっては幸せにはなれません。日ごろから適度な運動を心がけ、栄養バランスのとれた食事をしましょう。意欲的に健康を保つ生活を続けるべきです。偏食や暴飲暴食、不摂生は健康を蝕みます。

やはり3度の食事と規律正しい生活、そして適度の運動を日課としましょう。以下に健康管理のための10項目をまとめました。

❶よく噛む。虫歯をすべて治す
❷寝る3時間前は胃に食べ物を入れないようにする
❸適度な運動をする（毎日1万歩程度）
❹肉類を少なくし、
旬のものやその土地でできた新鮮なものを食べるようにする
❺熟睡できるような環境を整える
❻早寝早起きを実践する
❼明るく生きる。くよくよしない
❽よい水を飲む
❾ストレス管理をおこなう
❿健康補助食品をとる

成功の原則 10

実践主義に徹する

成功は観念ではなく、実践・実務です。

イタリアの経済学者ヴィルフレド・パレートによる80対20の法則に基づけば、優先事項の20パーセントによって80パーセントの成果が生み出されています。

たとえば、セールスの成績を上げたければ、限られた時間のなかで、いかに多くの見込客を開拓し、訪問件数を多くで

重要度と緊急度のマトリックス

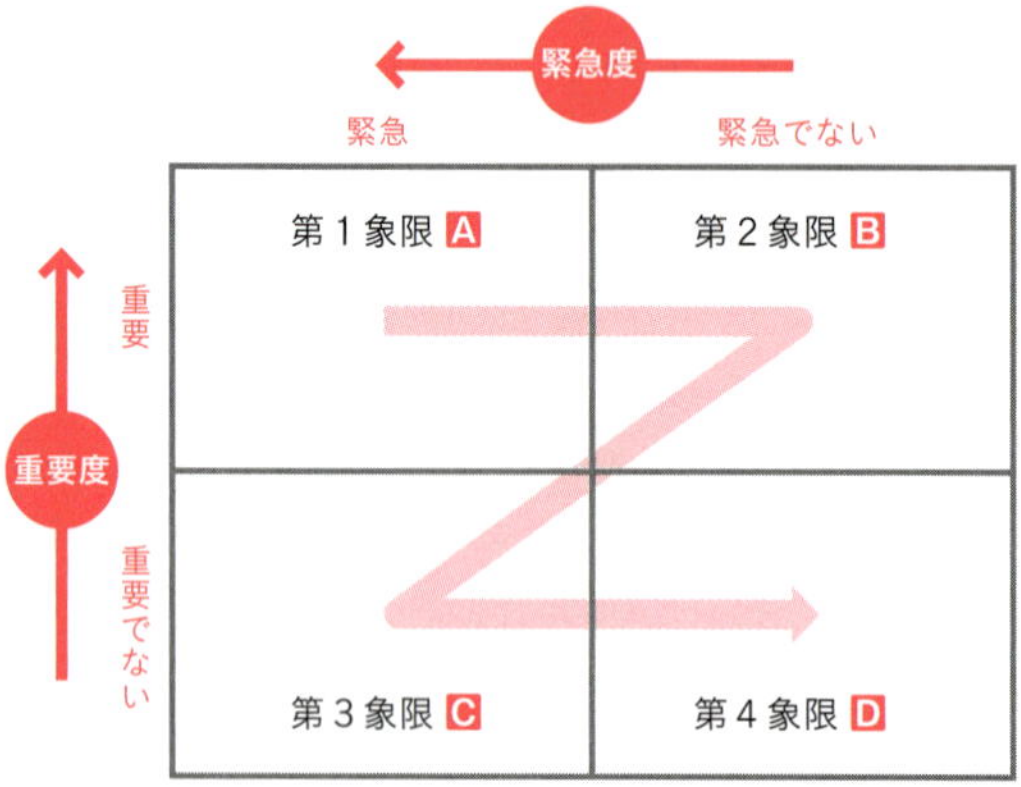

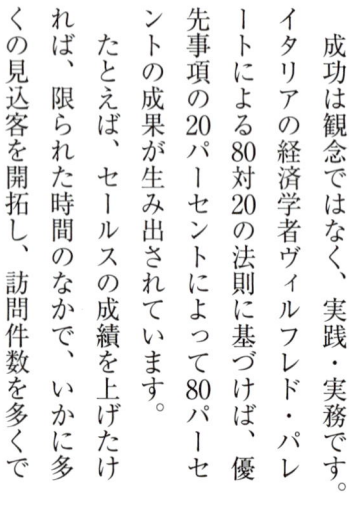

きるかにかかっています。セールスの仕事は、

・見込客の開拓
・プレゼンテーション
・フォローアップ

この3点に絞られ、これらの活動効率を上げることが営業の成果を分けます。自分の報酬を決定している上位20パーセントの仕事を選び出し、それに1週間の6割の時間を充てて、残り4割で移動や雑務、会議などの仕事をこなすようにしてください。優先順位を確認し、最重要事項に時間をかけないかぎり成果は上がりません。

日々の業務には、非常に大切な仕事だけれどさほど急ぐ必要がないものと、とにかく急いで処理しなければならない仕事があります。つまり、重要度と緊急度とに分類することができます。マトリックスを使って考えると、そのことが理解

できるでしょう。

縦軸を重要度、横軸を緊急度とします。

第1象限 A……緊急であり、なおかつ重要な業務
第2象限 B……最重要だが、緊急ではない業務
第3象限 C……重要ではないが、緊急な業務
第4象限 D……重要でも、緊急でもない業務

第1象限は、重要度も緊急度も高いわけですから、すぐに取りかからねばならない最優先事項です。第2象限は、重要度は高いが緊急度が低いのでつい後回しになりがちです。しかし、じつはこの領域に含まれる事柄こそもっとも役立つ行動になります。第3象限は、重要度は低いが緊急度が高いため、つい第2象限より優先してしまいがちですが、本来はあくまでも第2象限の業務を済ませたうえで処理すべき業務です。第4象限の業務を優先させたり、多くの時間を割くのは効率的とは言えません。この象限には、自分の業務がないことが理想的です。

成功者は、成果を上げるために必要な時間を好き嫌いで判断するのではなく、やるべきかやらざるべきかという理性的意思で判断しています。

そして、第1象限が終われば第2象限、第3象限、第4象限へ順に移っていきます。繰り返しますが、注意したいのは、第1象限に着手したあとに、緊急度に追われて第3象限へ行きがちだということです。成功の重要なポイントは、この第2象限の時間をできるかぎり増やすことです。

生産性の上がらない人は、今しなくてもよいことに精を出しています。仕事のやり方、時間の使い方すべての面で優先順位のつけ方が、成果の違いとなって表れてくるのです。

プランニングがうまくなると、今まで第1象限にあったものが第3象限に入るようになります。そして、徐々に第2象限の出来事を1日に組み込めるようになってきます。同じ時間でも使い方を変えると生産性が上がります。L字型ではなく、Z型の時間の使い方ができるようになりましょう。

顕在化できる能力だけが評価できる

ほとんどの人が、「自分はこの程度の人間なのだ」という自己評価を前提にして、他人と接したり、行動をとっています。自己評価の高い人は、自分を好意的に見て、プラスになる人と積極的に付き合おうとします。自己評価が低いと、自分は役に立たない人間なのではないかといつも不安になり、控えめで自分を抑圧するため、深層心理では自分を嫌悪してしまう傾向があります。

人は、各々の自己評価に基づいて考え、行動する習性があるのです。自分を低く評価している人は当然、自信がありません。消極的で達成感も味わいにくく、

あなたの時間当たりの生産性はどれくらいか

あなたの年収 … ＿＿＿＿＿ 万円

年間労働日数 … ＿＿＿＿＿ 日（月に ＿＿＿ 日休み）

日給 … 年収÷労働日数

＝ 日給 ＿＿＿＿＿ 円

時給 … 日給÷実質労働 ＿＿＿ 時間

＝ 時給 ＿＿＿＿＿ 円

給料の ＿＿＿ 倍の付加価値を目指す。

→ 時給 ＿＿＿＿ 円× ＿＿＿＿ 倍＝ ＿＿＿＿ 円
（付加価値）

周りの影響も受けやすいのです。一方、自分を過大評価しても、自分勝手なうぬぼれで墓穴を掘ってしまいます。

成功したければ、ありのままの自分を知り、冷静かつ客観的に自己評価することが不可欠です。そのうえで「自分はこうなりたい」という理想を想定します。孫子の兵法に、「敵を知り、己を知れば、百戦危うからず」とありますが、まずは、スタート地点とゴール地点を明確にすることが、成功の事前準備です。「敵」とはゴールであり、「己」が今の自分です。

すべては、現実を肯定するところから始まるのです。では、客観的で正しい自己評価はどうしたらできるのでしょうか？　**自分の能力や経験を金銭的価値に置き換えてみる**とよくわかります。

「エンプロイアビリティ（雇われる能力）」という言葉があります。知識・スキル・経験に、環境に適応し、すぐに成果を出せる力を合わせてその人の市場価値を判断する指標です。

ある塾の経営者から聞いた話ですが、講師を採用するとき、面接で「自分はこういう能力や実力があるから、これだけの賃金がほしいと自己申告してほしい」と必ず言うそうです。ほとんどの応募者が自分の資格や経験を十分に考慮して、納得できる額を申告してくるということでした。


私たちは、自分の能力・実力の対価をわきまえており、自分の位置づけをある程度、正確に把握しています。労働対価で自己評価すると、どうしてもシビアに考えざるをえないからです。もし自己評価が低くても嘆く必要はありません。

いまのあなたが、年俸制であっても月給制であっても、自分の能力・実力を時給換算してみてください。時間の概念が変わり、時間をより大切にするようになります。

1日の時間配分をバランスよくする

1日は誰にとっても24時間。この24時間をどういう価値観に基づいて使ったかによって、私たちの人生の質が決まります。

これまでどういうことに対して時間を費やしてきたのか、その「選択の質」がいまの自分であり、生活であり、人間関係であり、収入であるということです。

次に示すのは、わたしの1日を「価値観と基本的欲求の充足」をテーマに分類したものです。あくまでも目安と言えますが、これを参考にして時間の使い方を再現してみてください。

● **家族との時**

妻と子どもたちとの時、何物にも代え難い黄金の時、1日約3時間

● **働く時**

自立と自己責任、成功、経済的価値と貢献を生み出す時、1日8時間〜10時間

● **健康づくりの時**

適度な運動、規則正しい食事、1日2〜3時間

● **学びの時**

毎日の読書、移動時の音声学習、その他セミナー参加、耳学問、1日約2時間

● **考える時**

日々計画を立案し、実行し、見直しをする計画と準備の時、1日約1時間

● **眠りの時**

午前0時〜午前5時55分、1日5〜6時間

● **楽しみの時**

個人的くつろぎの時間、1日約1時間

あなた自身が今日1日をどう過ごすのか、何にどれだけの時間を費やすのか。

それは自分の成功に効果的な選択なのか。慎重な考えに基づく行動を最優先しましょう。

今日すべきことを書き出す

今日という日は、目標達成の最小単位です。成功者は、つねに重要なことを最優先に行動しています。為すべきことを為すべきときに淡々とおこなっている。

生産性の低い人は、ほとんどが今すぐしなくてもいいことに精を出しています。こうして、重要なことをする貴重な時間を失ってしまう。

今の行動は、目標達成に役立つことですか？　わたしはいつも「今日するべきことは目標達成に役立つかどうか？」を検討しています。移動中やちょっとした空き時間に確認しているのです。タスクの優先順位は、次のように分類しています。

A 絶対にしなければならないこと
B しなければならないこと
C したほうがいいこと
D 他の人に委任できること
E 無意味なこと

人に任せるものは、名前を記入しておきます。Eは完全に無視します。1日を午前・午後・夜に3分割し、いつその予定や行動を実行するのか、Aから順番をつけていきます。そして、それぞれの予定や行動に費やした時間を必ず記録しておきます。

毎日の終わりには、セルフカウンセリングをして、自分は目標達成に役立つことをしているか自己評価しましょう。

今日すべきことを書き出す

A 絶対にしなければならないこと

B しなければならないこと

C したほうがいいこと

D 他の人に委任できること

E 無意味なこと

第6章

目標達成の決意

心が折れそうになったときは？

わたしも、過去において何度も挫けそうになった経験があります。そんなときは、いい意味で他力本願になりました。つねに尊敬する人のポートレートを持ち歩いていたので、彼に向かって呼びかけたのです。

「あなたならこんな場合、どうしますか？」

そして、この人ならどう乗りきるだろう、その人になりきったつもりで気持ちを奮い立たせたものです。

あるときは最寄りの書店に飛び込んで、成功者の本を求めました。不思議なものですが、心から真剣に求めるものは、強く求めたときにこそ得られるものです。いつも必要としているときに、必要としている言葉が目に飛び込んできたことを、今でも鮮明におぼえています。

自分で立てた計画がうまくいかないときや、どうしても落ち込んでしまいそうなときは、人生において繰り返し訪れるもの。**自分で自分を鼓舞する方法を見つけておいてください。**否定的になりがちな自分の心にブレーキをかけ、プラス思考になれる要素を確保しておくのです。

隙間時間をうまく活用する

どんなに忙しい毎日が続いても、起床してから出かけるまで、通勤時間、仕事と仕事の合い間、仕事と食事の合い間、帰宅から就寝までのあいだには、ニッチタイム（隙間の時間）が点在しています。細切れの時間は、合計して1日に1時間くらいになると言われています。1年にすれば、365時間、およそ15日分に相当するのです。やる気が起こらないときは、目標達成のために、隙間時間を活用できないか考えてみましょう。

時間に自分の行動がコントロールされていたら窮屈と感じるでしょう。時間管

理が巧みな人は、毎日の行動を限られた時間軸の中に配分するすべを心得ています。希望や楽しみを期待することはあっても、苦痛は感じないのです。

もちろん、頭を空にして物思いにふける時間が必要なときも多々ありますから、毎日の生活と照らし合わせながら、使い方を考えていくことが肝要です。

また、何かひとつのことに集中する時間と、いくつかの事柄を並行してこなす時間に分けるのも処世術だといえます。

前者は干渉されないので、重要な仕事を処理するときに能率も上がります。誰よりも早く会社に行って、他人にも電話にも邪魔されない時間に重要な仕事を片づけてしまう人もいます。

一方、通勤電車で本や新聞を読む、車を運転しながら自己啓発のオーディオを聞くなど、同時並行して物事を進めるのも上手な時間のやりくりです。トイレにいるとき、お風呂に入っているときなども利用できそうです。

時間は誰にとっても有限ですが、捻出しようと思えばいくらでも捻出できます。わたしは今でもナポレオン・ヒルの『新・完訳　成功哲学』のオーディオブックを車中で毎日聴いています。

疎遠になっていた友人に電話すると、ひょんなことから新しいビジネスチャンスが創出されるかもしれません。

これまでにもらった名刺を見直してみると、いまのプロジェクトで何か新たな提案をしてくれそうな専門家を再発見する場合もあります。

これまで細切れと思っていたわずかな時間は、活用の仕方によっては人生やビジネスの宝庫となり得ます。

見直し時間を設ける

目標を設定し、きちんと計画を立て、それを怠ることなく実践していく。そうはいっても「そんなことができるのは、特別で、すぐれた能力がある人だから」と決めつける人がいます。

「自分には能力がない」と思い込んでいる人がたくさんいます。しかし、能力と

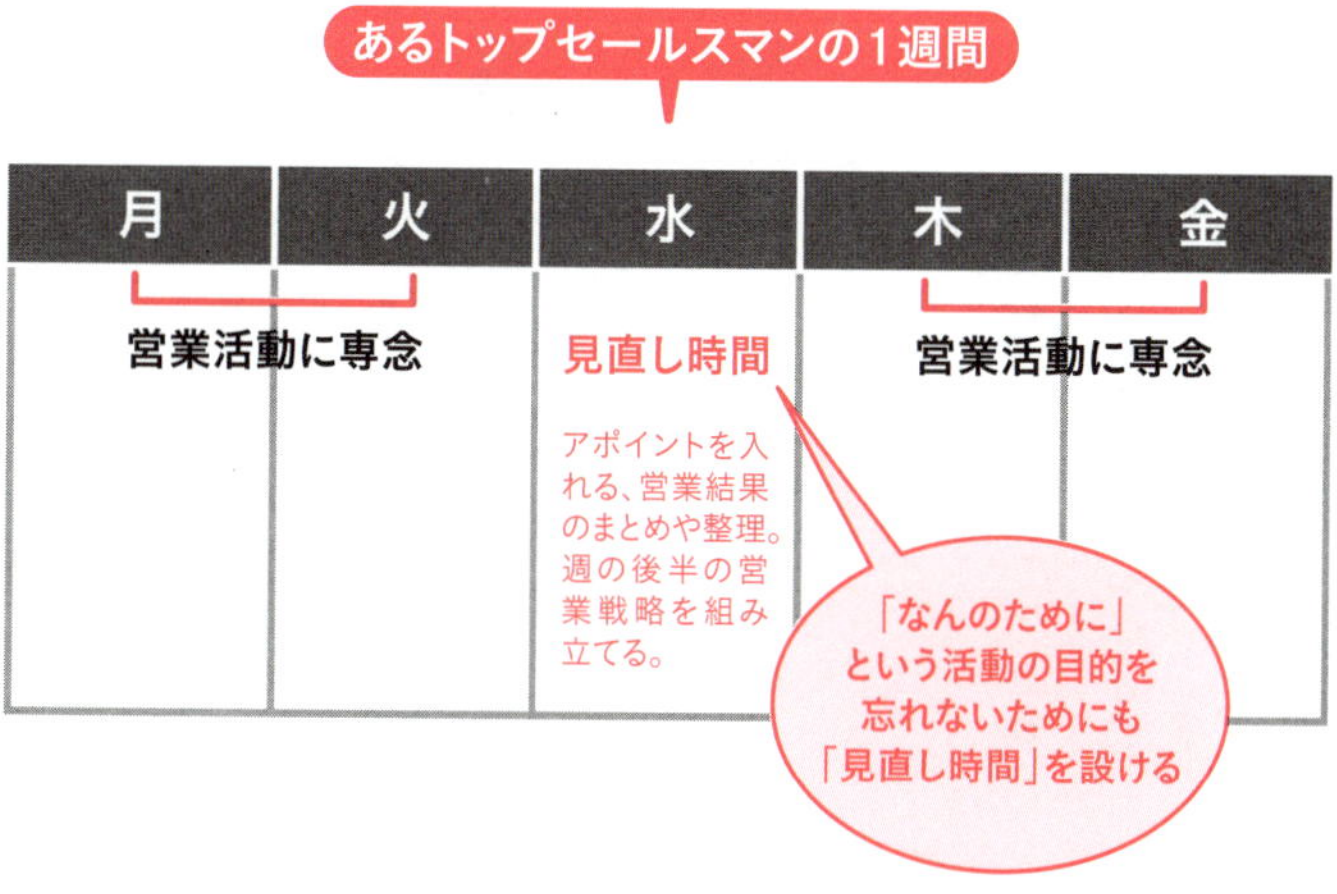

あるトップセールスマンの1週間
月
火
水
木
金
営業活動に専念
見直し時間
アポイントを入れる、営業結果のまとめや整理。週の後半の営業戦略を組み立てる。
営業活動に専念
「なんのために」という活動の目的を忘れないためにも「見直し時間」を設ける

は「努力の積」なのです。目標や計画に懸命に打ち込むことは誰にでもできます。何もしないうちから「自分にはできない」と思い込んだり、言い訳を先行させる態度は、実りある人生には無用の長物。

繰り返しますが、成功に必要なのは「なぜ、できないのか」という理由ではなく「どうすればできるか」という前向きの考え方であり真摯な生き方です。その努力の結果が、やがて自信と誇りとなり、さらなる挑戦意欲を高める起爆剤になります。

目標を実際の行動に移してみても、必ずしも計画どおりにいかない場合があります。思ったように計画が進まないと、あきらめてしまいそうになります。

うまくいかない計画のほとんどは、些細な理由によりつまずいていることが多いものです。少しばかり忙しい日が続いたために、目標達成のためにするべきことを後回しにしてしまった。

あらかじめ週の中日あるいは週末に**見直し時間**を設けておき、軌道修正を習慣づけるのです。計画は予定どおりに進んでいるのか、進んでいないとしたらどこに問題があるのか、スケジュールに無理はないか、課題は大きすぎないか、自分のやる気が不足してはいないか。さまざまな角度から問題点をチェックしてみましょう。

あるトップセールスマンは、1週間を水曜日を境に前半と後半に分けて営業活動に臨んでいると言います。水曜日だけは何もアポイントを入れず、営業戦略の練り直しなどをおこないます。また、前半にできなかった事務処理などもこの日に片づけてしまうそうです。自分の仕事に、「月火・水・木金」というリズムをもたせることで、1週間の仕事にメリハリをつけるようにしているわけです。そうすることで、新たな気持ちで週の後半に臨むことができると言います。

個人差はありますが、集中力は、いつまでも持続させることはできません。集中力が欠けたまま続けても、仕事の品質や効率は低下するだけです。

そういうときは、思いきって気分転換しましょう。前述した見直し時間は、行動のチェックと反省の時間であると同時に、心身ともにリフレッシュする時間でもあります。

ただ、ゴールには手を加えません。到達点そのものに変更を加えると目標自体が散漫になりがちです。

成功者は他人を評価する

他人を正しく評価し、素直に認めることはなかなか難しい。その理由として、次の2つが挙げられます。

1つ目は、表面的なことに惑わされてしまう。生まれ、育ち、学歴、職業、役職、年収など外的要素に左右され、本質を見抜くことができない。実際、大きな声で自信たっぷりに話をする人、いつも忙しそうにしている人、目立つ行動をする人、こういう人たちが周りにいると、「有能なんだ」とついつい過大評価を与えがちです。確かにその評価に値する人もいますが、計画性もなく、ただバタバ

タと時間を浪費しているだけなのかもしれません。その反対に、目立たずとも深い洞察力や知識をもち、多くの人望を集めて大きな仕事をしている人がいます。人を信じないでいつも疑うということではなく、評価を急がず、じっくりと人物洞察ができる視点をもちたいものです。

2つ目は、「ほかの人を認めることは自分を否定してしまう」という心理状態から生まれる弊害です。誰かが「彼はよく勉強してるね」と言っても、認めようとしないばかりか、ちょっとした欠点や失敗を羅列する。

じつは、自信がなく、保身だけを考え、自分には甘く他人には厳しく、決して他人を認めたくないだけなのです。ひどくなると、他人の足を引っぱることで自分を押し上げようとします。

成功者ほど人を評価します。じつにさりげなく、相手のよさを見つけてほめることができます。人はほめられることで、この人のためにもっと向上しよう、もっと生産性を上げよう、認められようと思うものです。他人の力を借りられると自分一人ではできないことが実現できます。

人を正しく評価でき、賞賛できる人は、気働きができる人だと言えます。また、人を正しく評価すれば、自分自身も向上していくことができます。なぜなら気づく力に長けると、何事も肯定的に受け止められるからです。自分自身のことも肯定的に受け止め、高いセルフイメージで前向きな人生を送ることができるのです。

どんな行動も最善である

反面教師という言葉があります。他人の愚かな行動を見て、なぜそんなことをするのだろう、自分ならあそこまではしないと思う。しかし、それが自分のこととなると、いつも冷静に対応できるとはかぎりません。

猛暑だった夏のある日、一人のビジネスマンが難航していた大口の契約をまとめ、意気揚々と会社に報告を入れました。上司は喜び、もう少し実績を積めば昇進と昇給を保証するとまで言ってくれました。やり遂げた充実感を、冷たいビールでも飲みながら家族団らんで話したいと考え、彼はその場で「今日は早く帰れ

るから、ビールを冷やしておいて。キンキンにしておいてくれよ」と奥さんに電話をして、残務を終えると定時に会社をあとにしました。

「ただいま！」と、勢いよく玄関に上がり、ビールを思い浮かべながら、まずは汗を流そうと風呂に入ります。心身ともにサッパリしてお楽しみを味わおうと冷蔵庫を開けると――ビールが入っていません！

「おい！　ビールはどうした？」

思わず怒鳴ったように問い詰めました。すると、奥さんは「あっ、ごめんなさい。冷やそうとは思っていたのだけれど、夕飯の支度と子どもの世話でつい忘れてしまって……すぐに冷えたのを買ってくるわ」と素直に言いました。彼は「もういい、外で飲んでくる！」と怒って出て行ってしまいました……。

人は当然のように実現できると「期待していた願望」と「待ち受けた現実」との間にギャップがあると大きなフラストレーションを感じます。

彼は怒鳴らなければ感情のバランスをとることができなかったのです。感情を爆発させることで自分の欲求を満たし、平静ないつもの自分に戻ろうとしたのです。つまり、彼は、配偶者に自分の言うことを優先的に守ってほしい、自分を大切に扱ってもらいたいという欲求を抱いていました。ところが、「忙しかったから忘れてしまった」という弁解を聞いて、やはり力の欲求が満たされなかったことを改めて認識し、欲求不満を解消するために、出かけるという行動を選択したわけです。これはすべて無意識なことです。

私たち人間は、理想と現実にギャップを感じたとき、期待どおりにならなかった自分の欲求不満を正すためだけの行動を選択してしまう習性をもっています。そのときはそれしか最善の方法が見当たらなくなってしまうのです。期待したことと違う結果が提示されても、現実を直視し、冷静に策を講じるよう心がけるのが、無益な対立だけでなく、より良好で円滑な人間関係を築いていくことにつながります。

職場でも、上司の怒る理由が、部下が思惑どおりに動いていないことなら、上司は自分の行動を省みるべきです。部下も自分は単なる指示待ちタイプになっていないか、上司の求めるものに対して効果的な行動ができているのかをもう一度よく考えてみるべきです。

あるひとつの失敗が、さらに失敗を生むようなときも同じです。失敗や不振の原因を冷静に振り返りながら、自己評価してみると、同じ失敗を繰り返さないようになっていきます。

願望をつねに口に出す

願望は、強く願えば願うほど、考えも行動もそれを実現させるべく方向づけられます。**紙に書き出し、必ず口にする**ことをお勧めします。

チェーンスモーカーを公言してはばからなかった男性が「じつはタバコをやめたいとずっと思っていた」と話していました。しかし、禁煙を始めて半日も経つとイライラして「ストレスが溜まるなら、吸ったほうがいい」と、度重なる禁煙の失敗をしていました。

自分の意志の弱さをつくづく感じていたある日、ピタッと吸わなくなりました。

「これからも、どんなことがあっても絶対に吸わない！」と断言するのです。

きっかけは、タバコで汚れ、ガンに冒された肺の生々しい写真を見たことでした。これまでも同様の写真を見たことはあったそうです。ところが、今回はその場でポケットからタバコを取り出し、近くにあったごみ箱に投げ捨て、それ以来吸っていないそうです。

なぜ彼はたった1枚の写真だけで禁煙できたのでしょうか？　それはずっと禁煙したいと思っていたからです。「やめたい」という願望が精神的に飽和状態になったときに、写真がきっかけになって不可能思考を一掃しました。つまり、一見弱々しい願いも、思い続けることで何かのきっかけによって叶うことがあるのです。

ある事務機器の販売会社に転職した20代の男性は営業として月間売上目標を500万円に設定しました。自分の目標を紙に書いて部屋の壁に貼り、朝出かける前に必ず声に出して読み上げました。手帳にも書き込んで、通勤中や移動中に「今日の目標、今週の目標、今月の目標」の３つのレベルで目標を確認しました。同時に、それを達成するために訪問すべき顧客はどこにいるのか、つまり商談の順番に優先順位をつけていきました。

会社の席にも、もちろん自分の目標を記した紙が貼ってあります。とにかく暇さえあれば自分の目標とその達成度合いを目で確認し続けたのです。帰宅しても、目標を声に出して読みあげ、夜寝る前にも、もう一度読みます。

転職後３ヵ月目にして、５００万円の目標を達成できました。「紙に書いたからといって、すべてがうまくいくとはかぎりません。商談には断られることがつきものです」と彼は語ります。克服法を尋ねると「単純にネクストワンしかありません」と返ってきました。断られたことにくよくよするのではなく、次の可能性をすばやく探るようにしているとのことでした。すると、どんどんアイデアが湧いてくるし、今集中すべきことが鮮明になるというのです。

態度は現実を決定する

1964年春、サンフランシスコの小学校で知能テストがおこなわれ、学級担任には、今後数ヵ月で成績が伸びてくる生徒を割り出すための検査であるという説明がされました。しかし、実際の検査にはなんの意味もなく、検査の結果と関係なく無作為に選ばれた児童の名簿を学級担任に見せて、この名簿に記載されている児童が、今後数ヵ月で成績が伸びる子どもたちだと伝えました。

その後、学級担任が成績が向上するという期待を込めて、その子どもたちを見て、確かに成績が向上していったと言います（Rosenthal, R. & Jacobson, L.: "Pygmalion in the classroom",Holt, Rinehart & Winston 1968）。

これは、大人も同じです。誰だってほめられたり、期待されればうれしいもの。誰かにほめられなければ、自分で自分をほめてあげましょう。自分で自分に期待してあげましょう。自分のよい面だけを見てプラスイメージを描くのです。

すると、人生に対する態度が変わっていきます。素直に物事を受け止めることができるようになったり、人の話によく耳を傾けたり、誰にでも笑顔で接するようになります。それは、成功できる好ましい人物としての態度です。

とてもうれしいことがあると、その日はずっと良いことが続くような気になることがあります。逆に嫌なことがあると、続けて悪いことばかりが起こるような気になることもあります。ただ、運気が人を動かすのではありません。いつも、**良いことが起こる気でいれば、良いことが起こります。**悪いことが起こりそうだと思えば、悪いことが起こります。

仕事をしていてストレスになることが起きる。嫌な気分を引きずってしまいそうなときには、席を立ってコーヒーを淹れたり、仲間と話したり、ちょっと身体を動かしてみたりしましょう。また、場所や時間を少し変える方法も有効です。

不思議なことに、気分を新たに再度トライすると、気持ちがリフレッシュされます。乗り越えることで「うまくいかないことも、単なる試練にすぎない」と思えるようになって、やがて「今度はうまくいく」と心の中でつぶやくだけで気分転換ができるようになります。


ここで紹介するのは、広く知られている有名な逸話です。ある靴メーカーのビジネスマン二人が、市場開拓調査のためにアフリカのある地域に出張しました。現地に着くやいなや、そこに住む人たちを見てすぐさま二人は次のような報告を会社にしました。

一人は「ここの人はみんな裸足で生活しています。靴が売れる見込みはありません」というものでした。もう一人は「なんと、ここではみんなが裸足で、市場は無限です。大至急、5000足を送ってください」と報告しました。あなたは、どちらが成功すると思いますか?

起きていることをいつも否定的に見てしまう習慣があると、成長や発展は望めません。物の見方・考え方は、人生に対する態度や行動に表れます。

成功者は、世の中の動きや物事、ビジネス、人生を前向きに捉えています。いつも表情が明るく、行動も積極的です。どんなに悪い状況でも、乗り越える最適なすべを見つけ出し、ビジネスだけでなく、自分の人生そのものを発展させていくのです。

スランプは成長の促進剤

何か新しいことに挑戦しようというとき、少なからずストレスは発生します。ストレスとは一種の緊張感であり、自分が求めているものと現実とのギャップから生まれるものです。

ストレスには良し悪しがあります。思い悩んで胃潰瘍になるようなものは悪いストレス。心に負担をかけ、追いつめたり意気消沈させ、最悪の場合は、ノイローゼや自律神経失調症などになります。

ある程度の緊張感によって気分が高揚し、意欲的に取り組む動機付けになるも

のは、よいストレスです。自信があれば、適度な緊張感をもって物事に臨むことができます。

誰にでもストレスはあります。みんな同じように悩んだり苦しんだりしている。そう考えるだけでも心が落ち着いてきませんか？

また、ストレスを乗り越えたところに未来があると主体的に考えられる人は、ストレスに平然としていられるものです。自分がストレスを乗り越えて成功する場面を描き、その先にある未来を思い浮かべることです。できるだけ具体的にイメージすることによって、今何をしたらいいのかが見えてきます。

「どうもいつもの調子がでない」「最近は何をやってもうまくいかない」など不調が続いてしまうことがあります。

しかし、スランプを自覚することは、百害あって一利なしです。冷静に原因を見極め、打開策だけを考えればいい。物の見方、やり方を状況に合わせて変化させましょう。この思考法が身についていると、いかなるスランプも成長の促進剤であると前向きに捉えられるようになっていきます。

わたしは「自分の将来に対して、今は当然の代価を支払っているのだ」「逆境は成功の前奏曲」といった自分なりの格言をたくさんつくってきました。ジョギングやストレッチなどで身体を動かしたり、旅行をして息抜きをしたり、気の合う友達と食事をしてくよくよしないように小さな工夫もしています。

何をやってもうまくいかないという状況に陥っても、スランプを脱出した自分を思い浮かべて、前に進む努力を忘れないでください。

信念は現実の実績に比例する

信念とは「人の言う今の心」と書きます。〝人〟とは自分であり、〝言う今の心〟とは自分の言行（口に出すことと実際の行為）を指します。信念は自分の人生を成功へと導く灯台のようなものです。信念なき人生は、不安に脅えながら暗闇を走る危険性といつも隣り合わせになります。

人生にとって自分の進むべき道を照らす光は、必要不可欠のものです。信念は、外からもたらされるものではなく自らの意志によって確立するもの。簡潔に言えば、自分の願望や目標にいつもポジティブで、それが達成されて当然と思い込ん

でいる状態です。できないを考えていたり、不安を抱えながら、絶対に達成すると息巻いていても信念とは言えません。

人は誰でも自分の夢を叶えたいと思っています。その半面、失敗が恐いという心理があります。いわばコインの裏表のようなものです。新たな行動をとろうとするとき、この2つの心理が心を揺さぶります。やってみなければ成否はわからないのに、実行する前から失敗回避の心理が作用するのは、潜在意識が変わりたくないと思っているからです。

成功する人は、何も達成困難なことに手を出しているわけではありません。いまの自分がやり遂げられること、できて当然の新しいことを確実に実行して、実績をつくる。それをもとに次の達成レベルを定めていく。つまり、**信念は願いが成就したという実績の量と質に正比例して強くなります。**

運はどこかよそからやってくるものではありません。あなたの心構えから呼び込まれてくるものなのです。

この仕事をする目的は何か、そのことで自分は何を望んでいるのかを鮮明にし、自分の願望をいかに現実化して結果を出すか。これがプロの世界です。

願望が弱いと、プロセールスの世界では見込客の開拓がうまくいきません。わたしは訪問先のドアが開かれれば成約のチャンスが訪れるものと思っていました。もちろん、いつもイエスが聞けるわけではありません。それでも「必ずチャンスがある」「絶対に成約してくれる」とお客様を開拓していったのです。

勝ち癖をつけましょう。目標はどんなに小さくてもいい。とにかく達成することと、この連続が自信となり、どんな障害があっても「自分にはできる」と思えるようになる秘訣です。

わたしは「弾み車の理論」と呼んでいます。ペダルを踏み込むときには力が必要です。車輪が回り始めれば、ペダルを踏む力は少なくて済みます。

自信は、小さな達成の積み重ねからのみ生まれるのです。なんの努力もせずに、やみくもに「自分はできる」と思い込むのは、真の自信ではありません。実践することで自信ははじめて培われるものです。まずは、今日できることを全力で成し遂げましょう。

かつてのわたしは、雨の日も風の日も、1日3プレゼンテーションを自分に課してベストを尽くしてきました。それが自分の義務であり責任だと考えていたからです。実践しなければ何事も始まりません。実践すれば、成功への道が開けてきます。

自分自身との契約

さて、いよいよ本書も終わりまでやってきました。成功するには、何が必要か。どういう態度・行動が求められるのか。ここまで読み進んでこられたあなたは、その指針が明確になったと確信しています。

最後にあなたの目標を改めて書き出してみてください。

自分自身との契約書 No.1

年　　月　　日作成

名　前

わたしはここに記入した目標を達成するために必要なものはすべて準備し、最善の努力を致します。

今日から、わたしは人生においてより多くを成し遂げ、わたしの中に内在している偉大な資源を開発するための努力をしていくことを誓います。

今日からわたしは積極的な行動を選択します。今日からわたしは自分の人生のなかでやらなければならないことをおこない、安易な道を選ばないことを決意します。わたしは目標達成に役立つ代価を払います。
わたしにとって自己実現に役立たない仕事に取り組むことは、単なるきつい仕事に取り組むことより何倍も苦痛だ、ということを知っています。

わたしは人生のプランは目の前の目標をひとつずつ達成することによって完成される、ということを知っています。目標達成の一つひとつがわたしの輝かしい未来へとつながっているのです。わたしはここに記した目標を達成することにより、わたしが人生で得たいと思っていることに一歩ずつ近づいていくことを知っています。
わたしは他人が与えてくれたものや単なる生計を立てるための活動などでは妥協しません。わたしは自分の人生を変える力を持っています。

自分自身との契約書 No.2

わたしは、自分の将来は自分自身にのみ委ねられているという点を

理解し、この契約書に署名します。

わたしは、目標達成に関して自分自身以外の誰も頼ることはしません。

署　名＿＿＿＿＿＿＿＿＿＿＿＿＿＿

自分への承認

わたしは、目標を達成した自分を祝福します。

わたしは再び、自分がおこないたいと思っていることはなんでもおこなう

ことができ、また、なりたい人間になれるという点を証明しました。

人生で手に入れようとしているものが明確であれば、

必ずそれを手に入れることができます。

署　名＿＿＿＿＿＿＿＿＿＿＿＿＿＿

目標を達成した日

＿＿＿＿年＿＿＿＿月＿＿＿＿日作成

《青木仁志からのメッセージ》

あなたは、目標を達成したことにより、理想の人物像に一歩近づきました。あなたは計画を立て、目標達成できる能力がある、という点を誇りに思ってください。

あなたは今、大きな目標に一歩近づきました。大きな目標とは、あなたをトップへと導く、小さな目標の積み重ねです。

自己宣言文

願望実現に対するコミットメントレベルとは、何が何でも手に入れたい。四六時中、頭の中にあり、その実現のために全身全霊を傾けるものである必要があります。目標を書き出し、達成すると自分自身に対して契約をしたら、それを宣言する自己宣言文を読み上げましょう。心の内側から達成の決意が沸き上がってくるでしょう。

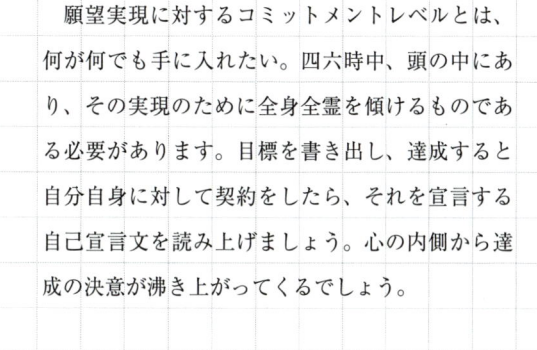

自己宣言文

私には、人生の明確な願望、目標を達成する能力がある。

私はいかなる障害があろうとも、必ずこの願望、目標を実現することを私自身に対して誓う。

私は自分の上質世界に貼った明確な願望、目標は必ず実現することを確信している。だから、毎日、私は私のなりたい姿、目標達成の状態を心の中で鮮明に、具体的にイメージする。

私は、私の人生は私自身の願望の世界に貼ってあるイメージ写真によって動かされていることを知っている。ゆえに私は私自身のイメージ写真には100%責任を持つことを私自身に対して誓約する。

私は自分の願望、目標をはっきりと紙に書き出した。私はそれを達成するまで、決してあきらめないことを私自身に対して、今ここに誓う。

私は真理と正義を愛する。

私は勤労と責任を重んじる。私は自分の成功は他の人々への具体的な貢献に比例することを知っている。私は人々を愛し、人々に貢献することを私の使命とする。

私は、憎しみ、嫉妬、利己的な心、怠惰な心、悪意、これらのものをすべて排除し、思いやりと感謝、そして誠実さと愛の心をもって人々に接する。

私は自分を愛するように隣人を愛する。

そして私は必ず成功する。

私の人生は私の選択の結果である。

私は成功を選択することを、今ここに誓う。


（作詩：青木仁志）

この本を読んでいただき、ありがとうございました。
ご質問等がある方は、下記のメールアドレスまで
何なりとお寄せください。
皆さまとの出会いを楽しみにしております。

青木仁志
Email：speaker@achievement.co.jp

本書は『目標達成の技術』(小社刊)を改題・再編集したものです。

［著者プロフィール］

青木仁志（あおき・さとし）

北海道函館市生まれ。若くしてプロセールスの世界で腕を磨き、トップセールス、トップマネジャーとして数々の賞を受賞。その後に能力開発トレーニング会社を経て、1987年、32歳で選択理論心理学を基礎理論としたアチーブメント株式会社を設立。会社設立以来、39万名以上の人財育成と、5000名を超える中小企業経営者教育に従事している。

自ら講師を務める公開講座『頂点への道』講座スタンダードコースは28年間で690回以上毎月連続開催、新規受講生は35,603名を数え、国内屈指の公開研修へと成長している。

同社は、Great Place To Work® Institute Japanが主催する「働きがいのある会社」ランキングにて3年連続ベストカンパニーに選出（2016-2018年度、従業員100-999人部門）され、また 日経新聞による『就職希望企業ランキング』では、社員数300名以下の中小企業では最高位（2014年卒対象 就職希望企業ランキング第93位）を獲得。

現在では、グループ7社となるアチーブメントグループ最高経営責任者・CEOとして経営を担うとともに、一般財団法人・社団法人など4つの関連団体の運営と、医療法人の常務理事を務めている。

2010年から3年間、法政大学大学院政策創造研究科客員教授として教鞭を執り、「日本でいちばん大切にしたい会社大賞」の審査委員を7年間歴任。また、「人を大切にする経営学会」常任理事、復旦大学 日本研究センター 客員研究員、公益社団法人経済同友会会員としても活動している。

著書は、30万部のベストセラーとなった『一生折れない自信のつくり方』シリーズ、松下政経塾でも推薦図書となった『松下幸之助に学んだ「人が育つ会社」のつくり方』（PHP研究所）、『志の力』など累計55冊。解題は、ナポレオン・ヒルの『新・完訳 成功哲学』をはじめ、計4冊。一般社団法人日本ペンクラブ正会員・国際ペン会員としても活動。

［ その他肩書 ］

医療法人社団友志会 常務理事
一般財団法人　日本プロスピーカー協会（JPSA）代表理事
一般財団法人　ウィリアムグラッサー記念財団　理事長
一般財団法人　東京メトロポリタンオペラ財団　理事長
一般社団法人　日本ビジネス選択理論能力検定協会　会長
日本選択理論心理学会　副会長
日本CBMC　理事長
認定特定非営利活動法人　日本リアリティセラピー協会　専務理事
一般社団法人　日本ゴスペル音楽協会　理事
人を大切にする経営学会　常任理事
「日本でいちばん大切にしたい会社」大賞　審査員
一般社団法人日本ペンクラブ 正会員
東京中央ロータリークラブ　会員
公益社団法人 経済同友会　会員
法政大学大学院　政策創造研究科　客員教授（2010年～2013年）
復旦大学 日本研究センター 客員研究員（2017年～）

■LINE

■ブログ　http://www.aokisatoshi.com/diary
■フェイスブックページ　https://www.facebook.com/achievementaoki
■ツイッター　@aokiachievement
■インスタグラム　aoki.achievement

アチーブメント出版

[twitter]
@achibook

[facebook]
https://www.facebook.com/achibook

[Instagram]
achievementpublishing

超一流の書く習慣

2019年（平成31年）3月5日　第1刷発行
2025年（令和7年）5月23日　第9刷発行

著者 ――――――― 青木仁志

発行者 ―――――― 塚本晴久
アチーブメント出版株式会社
〒141-0031 東京都品川区西五反田2-19-2
荒久ビル4F
TEL 03-5719-5503／FAX 03-5719-5513
https://www.achibook.co.jp

装丁・本文デザイン ― 轡田昭彦＋坪井朋子
本文イラスト ―――― 坪井朋子
校正 ――――――― 株式会社ぷれす
印刷・製本 ――――― 株式会社光邦

ISBN 978-4-86643-042-3